5.99

Marg.

LA PERTE D'UN ÊTRE CHER

Données de catalogage avant publication (Canada)

Régnier, Roger, 1942-

La perte d'un être cher

Nouv. éd. rev. et corr. -

(Collection Psychologie)

ISBN 2-89089-961-6

1. Deuil - Aspect psychologique. 2. Perte (Psychologie). I. Titre. II. Collection: Collection Psychologie (Éditions Québécor).

BF575.G7R43 1993 155.9'37 C93-096664-3

LES ÉDITIONS QUÉBECOR
Une division de Groupe Québecor inc.
7, chemin Bates
Bureau 100
Outremont (Québec)
H2V 1A6

Distribution: Québec Livres

Édition revue et corrigée
Dépôt légal, 2e trimestre 1993

Bibliothèque nationale du Québec
Bibliothèque nationale du Canada
ISBN: 2-89089-806-7
ISBN: 2-89089-961-6

Éditeur: Jacques Simard
Coordonnatrice: Sylvie Archambault
Conception de la page couverture: Bernard Langlois
Photo de la page couverture: Réflexion Photothèque/Stock Imagery
Révision: Sylvie Massariol
Composition et mise en pages: Composition Monika, Québec

Impression: Imprimerie l'Éclaireur

LA PERTE D'UN ÊTRE CHER

ROGER RÉGNIER

ÉDITION REVUE ET CORRIGÉE

Les Éditions Quebecor

REMERCIEMENTS

Merci à mes formatrices et formateurs, en particulier aux membres de la direction et du personnel de l'Unité des soins palliatifs de l'hôpital Notre-Dame, pour leur enseignement, leur esprit d'équipe et leur camaraderie.

Merci aux endeuillés qui ont participé à cet ouvrage – et tout spécialement à Yolande – pour leur confiance et leurs témoignages.

Merci au docteur Yves Quenneville pour la lecture du manuscrit original et ses précieux commentaires et corrections.

Merci à madame Monique Provencher pour la correction du manuscrit, à mesdames Marielle Veilleux et Madeleine Stewart ainsi qu'à monsieur Luc Villemaire pour l'aide technique inestimable.

Merci aux amis, collègues, compagnes et compagnons de travail pour l'émulation et l'encouragement qu'ils m'ont prodigués.

AVERTISSEMENT

Dans les exemples cités, les noms et les situations ont été modifiés de façon à rendre impossible toute identification avec les protagonistes. Ainsi présentés, les cas ou extraits de cas qui présentent des ressemblances avec des personnes ou des faits existants ou ayant existé ne sont que pures coïncidences.

Par ailleurs, le genre masculin ou féminin a été employé sans préjudice de manière à ne pas alourdir le texte.

PRÉFACE

Le temps est une denrée rarissime. On manque de temps. Pas assez de temps pour tout faire. Pas le temps de se détendre. Pas le temps de vivre. Pas le temps, tout court.

Survient la mort d'un proche, parent, conjoint, enfant ou ami. Vient ensuite le deuil. Le deuil est affaire d'émotions, de désorganisation et de reconstruction. Il est aussi affaire de temps. Pour qu'il se passe bien, il lui faut un certain temps, variable, plus ou moins long. Mais à tout prix, il lui faut ce temps, qui permet le travail dynamique du deuil, passage de croissance vers la suite de la vie, la suite du temps.

L'endeuillé a aussi besoin du temps des autres, celui qu'on lui donnera gratuitement. C'est ce don précieux que Roger Régnier et son équipe de bénévoles offrent à bon nombre d'endeuillés.

La lecture de ce livre me confirme que son auteur est de ces bénévoles de haute qualité, qui prennent le temps d'asseoir leur travail sur des bases de connaissance solides, et non pas sur la seule bonne volonté.

Accordez-vous le temps précieux de le lire.

Yves Quenneville, m.d.
Directeur adjoint
Unité des soins palliatifs
Hôpital Notre-Dame
Montréal

Aux personnes qui partent et à celles qui restent, pour leur courage et leur foi en la vie.

INTRODUCTION

En quelles circonstances, pourquoi, comment des choses se révèlent-elles à dire?

Simone de Beauvoir

En 1978, j'appris par télégramme la mort de mon père, décédé à 69 ans des suites d'un accident cérébro-vasculaire survenu quelques années auparavant. Par cet accident, il avait été forcé de cesser toute activité et de vendre son atelier plus tôt qu'il ne l'avait prévu. Il dut faire le deuil de toute une vie de travail. L'anévrisme crânien avait été jugé inopérable. Il savait, sa famille aussi, qu'une rupture de cet anévrisme se produirait tôt ou tard et qu'elle lui serait fatale selon toute probabilité. On lui conseilla simplement de surveiller son régime de vie et il dut s'astreindre à une médication palliative. Peu diminué physiquement et mentalement, mon père connut un sursis de quelques bonnes années.

Un an avant sa mort, son état de santé lui permettait même d'entreprendre un long voyage pour revoir deux de ses enfants et, par la même occasion, de réaliser un vieux rêve : voir les chutes Niagara avant de mourir. À l'époque, je n'ai pas compris, mais je sais maintenant que, ce faisant, il bouclait la boucle et, inconsciemment sans doute, poursuivait le deuil de sa propre vie. Ma mère, lui et moi sommes partis en voiture pour réaliser ce rêve. Nous avons contemplé les chutes sous tous les angles. Il voulait tout voir et il eut droit au grand jeu. En faisant d'abord abstraction des aménagements touristiques, tous les deux nous avons longuement rêvé, imaginant le spectacle que pouvait offrir la nature en ces lieux avant l'arrivée des Blancs. Puis, vêtus de cirés, nous nous sommes aventurés dans le tunnel et sur le bateau au pied des chutes. Le soir, du haut de la tour, nous avons admiré la féerie multicolore. Il s'en est mis plein la vue. Sa maladie n'avait pas amoindri sa curiosité ni sa capacité d'émerveillement. Il était heureux comme un enfant que l'on emmène à la fête et j'étais ravi de pouvoir la lui offrir. C'est si peu de choses, pensai-je, ému au souvenir des voyages qu'il nous avait offerts à mes frères, mes sœurs et moi quand nous étions enfants.

Ce fut la dernière fois que je le vis.

Sa mort, attendue à plus ou moins brève échéance, ne créa pas d'effet de surprise ni de choc.

La téléphoniste me lut le télégramme et m'offrit ses condoléances, avec chaleur et simplicité. Cette sympathie exprimée par une inconnue me toucha et je l'en remerciai.

Puis, je me mis à pleurer.

C'était fini, plus jamais je ne reverrais mon père. Et plus tard, ce serait le départ de ma mère ou d'un autre de mes proches. Dans combien de temps? Comment savoir?

Pour certaines raisons, je n'ai pas assisté aux funérailles. Ce n'était ni refus ni fuite de ma part. Les circonstances m'en ont empêché, tout simplement. Pourtant, j'aurais souhaité participer au rituel, faire le geste conscient et concret de la séparation définitive. Pour me consoler, je me disais que je l'avais vu lors de son accident ainsi que l'année précédente. Entre nous, tout avait été dit.

Mais tout n'est jamais vraiment dit.

Je pleurais sur toutes les choses que nous n'avions pas pu ou pas su nous exprimer mutuellement, à cause de mille et une raisons. Désormais impossibles à rattraper, ces choses resteraient à tout jamais dans le domaine du non-dit. Avec un immense regret mêlé de remords, je songeai qu'au cours des 20 années précédant son décès je n'avais vu mon père qu'à une dizaine d'occasions. C'était peu, vraiment trop peu. Avions-nous accordé trop d'importance à la durée du temps qui nous était alloué? Tous tant que nous sommes étirons et rétractons le temps. Nous croyons le triturer, le malaxer, le modeler à notre aise et selon nos caprices. Toujours, nous espérons le soumettre à nos exigences, en oubliant que celles-ci ne sont au fond que des servitudes. Mais le temps se moque des contorsions que l'on tente de lui imposer. Imprévisible et primesautier, échappant à l'emprise de nos lois raisonnées, le temps nous avait pourtant prévenus du décès de mon père. Je réalisais maintenant que de son vivant, les circonstances nous avaient trop peu rapprochés l'un de l'autre, en fréquence et en intensité.

Alors, pour compenser la part du non-dit et du mal-vécu, la mémoire m'emporta dans l'un de ses vertigineux voyages. Les images du passé, les seules qui me rattacheraient désormais à mon père, se mirent à défiler en désordre dans ma tête. Des souvenirs d'enfance, des scènes de vie familiale revinrent pêle-mêle à mon esprit. Je revécus en pensée certaines périodes de jeu et de voyage en compagnie de mes frères et sœurs. Des bons et des mauvais moments, des joies et des peines connus ensemble ou individuellement, chacun à sa manière, se bousculèrent pour prendre leur place dans le souvenir. Mille épisodes oubliés, mille anecdotes insignifiantes, mille incidents émouvants émergèrent des réminiscences.

Et mon père était au centre de ce kaléidoscope, se métamorphosant constamment avec une rapidité foudroyante selon l'âge, les vêtements, les postures, les gestes, les comportements, les paroles, les lieux et les circonstances. Mon père était présent partout, mais changeant...

Je me revis tout à coup vers l'âge de 10 ou 12 ans en train de travailler avec lui dans son atelier. Je refis en pensée l'expérience exaltante et troublante de l'apprentissage d'un premier métier, le sien. Dans la sciure de bois, le bruit des machines, l'odeur des planches et de la colle. Ça se passait parfois dans la bonne humeur, pendant les périodes de relative aisance, et parfois dans la tristesse ou l'inquiétude lorsque mon père était tourmenté par les ennuis d'argent (les commandes qui ne rentraient pas ou les clients qui tardaient à payer). Une scène en particulier, que j'avais oubliée, refit surface : mon père, rongé par les soucis et le manque d'argent, se laissait aller au désespoir et pleurait dans la pénombre de l'atelier; plus tard, pendant le souper, ma mère tentait de le réconforter. Une autre scène se superposa avec violence : avec plus de 30 ans de recul, je revécus d'une manière saisissante la terreur qui s'empara de moi un soir où je fus témoin d'un accident, alors que j'aidais mon père à scier du bois de chauffage, un accident dont mon imagination d'enfant avait sur le moment anticipé le pire dénouement. Une branche noueuse se tordit et dégagea la scie à ruban de son support; pendant une fraction de seconde qui me parut une éternité, elle continua sa lancée giratoire en s'avançant vers mon père. Scène digne d'un film d'horreur! Première expérience de la peur panique devant la mort. Puis, pour compenser encore, la mémoire se fit plus douce et me rappela des moments agréables. Revivant les épisodes de travail en atelier, je pensai aux qualités d'artisan de mon père, à son amour du travail bien fait, à son ingéniosité qui l'avait poussé à se fabriquer des outils avec l'aide de mon frère aîné, aux principes qu'il dictait mine de rien en travaillant, aux blagues et à l'esprit de compagnonnage qu'il partageait avec son ouvrier, le court temps qu'il put s'en payer un à l'époque. Je me rappelai aussi la fierté, mêlée d'un sentiment très proche de l'amitié, que je ressentais lorsque mon père m'emmenait avec lui le soir en moto ou en auto quand il devait rendre visite à quelqu'un et qu'il ne voulait pas être seul. Même une sensation olfactive me revint : l'odeur de son vieux manteau de cuir. Qu'est devenu ce vieux manteau éraflé et patiné, conçu pour durer une éternité?

Ainsi, dans l'instant qui suivit l'annonce du décès, mille souvenirs oubliés, endormis, refirent surface dans le clair-obscur de la mémoire, des souvenirs habitant la quinzaine d'années de mon enfance et de mon adolescence. Les scènes aux couleurs sombres et tristes étaient nombreuses et je cherchai vainement à multiplier les rares épisodes à coloration tendre et joyeuse. La vie de l'époque m'apparaissait en demi-teintes dominantes. Mais le souvenir n'était pas maître de brosser un visage différent du passé, pas encore. Avec tendresse, je me pris à songer que mes parents avaient peint le tableau de leur vie, patiemment et laborieusement, en utilisant au mieux les moyens à leur disposition; les circonstances, le destin comme on dit, les avaient contraints à dessiner les traits, à travailler la composition, à former la perspective, avant tout. Ils n'avaient pas eu le temps ni le loisir d'ajouter les nuances de couleur, les fioritures et l'éclat de la lumière. Trop pauvres pour s'offrir des crayons de couleur, ils s'étaient contentés de simples fusains de charbon de bois. Le noir et le blanc, la grisaille de l'existence... Malgré tout, le modeste dessin au crayon noir vaut bien, en puissance d'évocation, l'ouvrage polychrome le plus somptueux.

Sur la toile de fond de ma mémoire, les souvenirs formaient un tableau mouvant, effaçant ici et rajoutant là, recomposant par fragments les fresques de la vie d'antan.

Mais les souvenirs ne sont pas des natures mortes, de froides images figées dans la pensée, des squelettes d'ombre qui s'effritent en poussière dans le souffle du temps. Pour survivre, les souvenirs se nourrissent d'une substance affective, s'alimentent d'émotions et de sentiments.

Je ressentis divers sentiments mêlés.

Le chagrin d'avoir perdu mon père. Le regret de n'avoir pas fait, de n'avoir pas dit, ou d'avoir fait ou dit ceci ou cela. L'amertume de la nostalgie. La compassion, l'impuissante commisération qu'avaient soulevée en moi pendant des années ses difficultés dans la vie, dont, avec davantage de maturité et d'expérience, je finissais par saisir l'ampleur. Le respect et l'estime commandés par une forme de courage dont j'étais encore loin de mesurer toute la portée. La reconnaissance pour ce qu'il nous avait donné, en payant le prix fort et en surmontant d'odieux obstacles. L'amour enfin, l'amour non dit, mille fois exprimé mais jamais nommé, qui s'était manifesté entre nous dans le silence, la pudeur et la gêne.

Et puis, soudainement, mon émotion se troubla, ma pensée s'agita, envahie par des sentiments contradictoires, des doutes, des remises en question. J'en rajoute peut-être, me dis-je. L'avais-je tant aimé? Vraiment aimé? Avec le temps, la mémoire peut aussi bien embellir que noircir les événements passés. Les émotions biaisent parfois la perspective, déforment les proportions, altèrent le jugement. Le souvenir devient alors un miroir trompeur, un prisme déformant. Étais-je en train de surestimer mon père, de l'idéaliser? Pourtant, il n'avait certainement pas été exempt de tout défaut. La vie n'avait pas toujours été rose, loin de là, et nos rapports avaient souvent été distants, malhabiles et blessants. Nous avions connu des heurts, des incompréhensions, des frustrations, et le cœur d'un enfant réagit parfois sauvagement sans nuancer ni réfléchir, sans chercher à savoir ni à comprendre. À la réflexion et le recul du temps aidant, force m'était d'admettre que le tableau du passé comportait un nombre considérable de zones sombres et turbulentes. Bien davantage que mes émotions premières en avaient suscité. Évoquant notre relation, je me sentais contraint d'y jeter un regard plus réaliste et d'accepter ces dures réalités : je n'avais pas toujours aimé mon père inconditionnellement et même, en cherchant bien, j'avais dû parfois le détester franchement; toute relation n'est jamais parfaite et la nôtre en particulier avait été trop souvent boiteuse et maladroite; de plus, les circonstances nous avaient empêchés de poursuivre et de parfaire cette relation. De tenter de la parfaire, devrais-je dire, car toute relation ou interrelation est ponctuée d'élans et d'obstacles, d'hésitations et de reculs, de chocs et de reprises. Ni les meilleures conjonctures, ni la bonne volonté ne suffisent jamais à elles seules à inscrire une interrelation dans un continuum sans faille, sans temps morts... Il s'agit d'une tâche à reprendre sans cesse et qui comporte, comme tout travail laborieux, sa part de risques et d'erreurs.

Remords et regrets. Tristesse et désolation. J'ai quitté mes parents à l'âge de 17 ans et depuis, je ne les ai revus qu'une dizaine de fois seulement. C'est bien peu pour renforcer une relation au demeurant peu serrée dans sa trame initiale, d'autant plus que nos échanges épistolaires, peu fréquents, se bornaient la plupart du temps à des nouvelles superficielles.

Je réalisai que j'avais très peu connu mon père. Le souvenir que j'en avais était morcelé, amputé, jusqu'à en devenir une abstraction tant nos contacts avaient été réduits durant les 20 années qui suivirent l'adieu sur un quai de gare. En tant qu'adultes, nous n'avions jamais partagé nos espoirs et nos déceptions, nos joies et nos interrogations, en un mot le quotidien. Je n'avais pas parlé avec lui au fil des jours, ni même des mois. Je ne l'avais pas vu vieillir lentement. J'avais de la difficulté à me rappeler le peu de fois que nous avions communiqué par écrit, car, la plupart du temps, il ne faisait que signer les lettres de ma mère. Nous n'avions jamais eu l'occasion de rattraper le passé et d'en souder les fragiles et disparates moments significatifs. En fait, nous n'avions toujours été présents l'un à l'autre que de loin. De nombreux éléments manquaient pour reconstituer sa vie, pour juxtaposer les petits morceaux de non-dit, les pièces d'ombre. Je pensais à ces grands casse-tête où l'on n'en finit pas de reconstituer le vaste ciel bleu parsemé de nuages blancs ou le champ de verdure moucheté; chaque parcelle semble identique à l'autre, bien qu'elle soit unique et non interchangeable. C'est ainsi que m'apparaissait le passé : un immense casse-tête impressionniste à souhait (pour faire durer le plaisir de la reconstitution) comportant des centaines de pièces à peine dissemblables, mais ayant chacune sa place bien définie. Toutefois, il manquait de nombreux morceaux. J'eus beau les chercher, la plupart de ces pièces manquantes n'étaient pas égarées, mais bel et bien inexistantes et laissaient des espaces condamnés à rester vides.

Souvenirs, souvenirs...

Plongés dans un état de léthargie profonde, ils peuvent rester pendant des années ou des décennies tapis dans l'ombre et le silence, blottis sous la poussière du temps. Tôt ou tard cependant, ils s'éveillent, s'ébrouent et reprennent vie aux moments les plus inattendus.

Souvenirs exquis ou détestés. Charmants invités ou parasites abhorrés de la mémoire. À l'instar de certains insectes ou de certaines plantes qui se nourrissent de la substance de l'hôte porteur, les souvenirs ont besoin pour survivre, outre les sentiments, de présences satellites, de tous ces êtres parallèles et complices qui virevoltent dans le feu glacial de la mémoire.

Une absence en rappelle mille autres.

Ainsi, porté par la même bouffée d'émotion dans les quelques heures qui suivirent, je songeais spontanément à toutes les autres personnes mortes ou disparues que j'avais plus ou moins connues, de près ou de loin côtoyées. Les camarades d'école, les copains, le premier amour. Disparus. Les Anciens du village où j'avais grandi. Disparus. Les maîtres, les compagnons de travail. Disparus. Les amis, les connaissances. Tous partis. Toutes ces personnes avaient plus ou moins, chacune à sa façon, façonné, marqué, coloré diverses étapes de mon existence. Elles étaient une partie de ma vie et j'avais dû m'en départir. Nombre d'entre elles me surprirent par leur persistance dans le souvenir. Pendant longtemps, je les avais cru effacées à jamais de ma mémoire, et voilà que ma pensée, troublée par le décès de mon père, les ramenait à mon souvenir. Partie intégrante, vivante, d'un ancien présent désormais révolu, elles illustraient maintenant certains aspects du passé. Passé révolu, mais jamais tout à fait résolu.

Étrange théâtre que celui de la souvenance, dans lequel le spectateur est simultanément acteur. Observateur présent, celui-ci se voit figurant dans une scène du passé. Fantasmagorie de la mémoire où tous les acteurs trépassés revivent en costume d'époque. Déchirante – ou délicieuse – contradiction du souvenir : sa consistance, son essence même participent à la fois du passé et du présent; le souvenir n'existe au présent que conjugué au passé, simple ou composé. Les mouvements, les sons, les odeurs qu'il évoque se composent en impressions parfois plus claires, plus vivantes, plus saisissantes que les images d'un film. Il ne manque que la perception tactile, l'onde de chaleur, la parole actuelle, pour métamorphoser les personnages en êtres vivants. Démiurge implacable, metteur en scène génial, la mémoire ne cesse de jongler avec ce paradoxe : la personne est là et pourtant elle n'y est plus. Présente dans l'imaginaire, elle ne cesse de fuir et d'habiter tour à tour mon espace intérieur. Elle s'esquive à ma vue, à mon toucher, je ne puis véritablement lui parler, mais je la perçois, présence évanescente. Effacée du temporel, elle s'imprime pourtant dans le temps.

L'hier redevient aujourd'hui. Le passé redevient présent.

La personne chair devient personne chère.

Dans les premiers moments qui suivirent l'annonce du décès de mon père, j'assistai donc, spectateur solitaire dans le mouvant théâtre de la mémoire, au spectacle unique du passé dans lequel j'avais d'abord été acteur. J'étais naturellement en communication avec tous les personnages du drame, les premiers et seconds rôles, les figurants. Toute mon attention et mon émotion vibraient à l'évocation du rôle qu'ils jouèrent dans la pièce. À l'instar de mon père, mais de mille façons différentes, ils m'ont fait connaître divers aspects de la vie et de la présence humaine, contribuant ainsi à mon développement. D'une façon ou d'une autre et sans le vouloir, sans le savoir, ces personnages ont orchestré en une infinie variété de registres les diverses partitions d'une complexe symphonie : l'observation, l'imitation, la réflexion, l'apprentissage, le désir de faire et de connaître, d'expérimenter. Le désir d'être.

Chacune de ces personnes, qu'elles soient effectivement mortes ou tout simplement disparues de ma vie, représentait une des nombreuses pertes qui jalonnent le voyage de tout destin.

Plus tard, quand la houle des émotions se calma, je songeai qu'elles m'avaient toutes transmis un héritage. Marins solitaires ou d'équipages, ayant surmonté de nombreuses tempêtes, elles m'avaient légué les agrès qui me permirent d'aborder maints rivages.

Je songeai encore à mille autres choses.

Les autres pertes de la vie.

Elles sont nombreuses ces pertes successives au cours d'une existence. Les ruptures, petites ou grandes; les abandons subis ou choisis; les heurts qui ébranlent la conviction ou blessent l'amour-propre; les brisures et les démembrements; les déchirures et les cassures; les mutilations physiques ou affectives; les passages et les transformations, les fuites aussi. La liste est longue.

La mort de mon père, anticipée, ne créa pas d'effet de choc violent comme cela peut arriver lorsqu'elle survient dans des circonstances particulièrement tragiques et traumatisantes. Bien qu'elle pût être considérée comme prématurée, elle s'inscrivait plus ou moins dans «l'ordre des choses», en quelque sorte, et ne souleva pas de sentiment de révolte, d'incompréhension, d'incrédulité ou d'injustice.

Mais il s'agissait toutefois d'une perte importante et je constatai avec surprise qu'une perte de cette nature engendre ou réactive des émotions et des sentiments jusqu'alors ignorés ou méconnus. Obscurément, une partie de moi tentait de prendre conscience à quel point un événement marquant, à plus forte raison la mort d'un proche, peut troubler l'eau dormante des émotions. Comme le fait un caillou lancé sur une eau très calme et dont l'impact déclenche une succession de cercles d'onde; poursuivant sa course, il touche le fond sédimentaire et soulève des turbulences qui viennent en remontant troubler la limpidité de la surface.

La mort est un caillou jeté dans la mare.

Le deuil affecte maints aspects de la vie des endeuillés. Ce fait criant cherche à s'exprimer de mille façons.

J'ai relaté cet événement personnel en guise d'introduction, car je souhaitais que ce livre témoigne d'un esprit de partage et de vulgarisation plutôt que d'une recherche théorique ou clinique.

Au cours des 10 dernières années, j'ai accompagné beaucoup de mourants et leurs proches, parfois brièvement, parfois plus longuement. Comme tant d'autres, j'ai assisté à de nombreux décès et j'ai constaté à plusieurs reprises que la mort de personnes inconnues me bouleversait plus que la mort de mes proches. Y a-t-il là un mystère? Ai-je «mal fait mes deuils»?

J'ai appris qu'il peut y avoir une distinction importante entre «proche» et «cher» et qu'il arrive même que la personne chère soit moins proche qu'on ne le pensait.

J'ai appris que la souffrance ne se compare pas.

Je travaille maintenant avec des personnes endeuillées et je continue d'apprendre qu'il est bien difficile de mesurer la souffrance, de la codifier, de l'étiqueter, de la chiffrer en degrés et en statistiques. À chacun sa fête, disait un philosophe poète. À chacun sa souffrance aussi.

Aucun manuel ne donne le degré de sévérité d'une perte, ni la mesure exacte de la détresse ou de la désorganisation consécutives à cette perte. Aucun traité ne peut spécifier une période idéale de deuil. Aucune approche d'aide ou démarche thérapeutique ne peut garantir l'efficacité absolue de telle ou telle méthode ni, encore moins, prescrire quelque recette que ce soit.

Comme nous le verrons plus loin, la résolution du deuil dépend de nombreux éléments, mais il existe aussi des facteurs aidants, des agents facilitateurs. De nombreux deuils s'actualisent naturellement et doucement dans le processus continuel de renoncements et de réinvestissements et se résolvent d'eux-mêmes sans laisser de blessures profondes. D'autres deuils sont portés avec une part de douleur durant toute la vie sans nécessairement en affecter la qualité, sans entraver la faculté d'engagement et d'investissement (affectif ou autre) de la personne endeuillée. Il existe ainsi, sur le plan mental ou physique, de vieilles blessures cicatricielles qui ne s'estompent jamais complètement et qui se font à l'occasion plus sensibles en n'empêchant nullement le sain fonctionnement de la personne.

Le deuil n'est pas un processus d'oubli mais bien d'oblitération au sens littéral du terme (usure, effacement progressif avec le temps). L'ultime objectif de résolution du deuil, le principal critère de «guérison» ne résident-ils pas dans le degré de bon fonctionnement de la personne endeuillée, dans son niveau de bien-être, quelle que puisse être l'importance de l'empreinte laissée par l'épreuve?

L'aide aux endeuillés constitue-t-elle une profession, une spécialité? Nombre d'intervenants ne reconnaissent pas la nécessité d'ériger la fonction d'aide au deuil en nouvelle profession de conseiller en deuil. Selon ces intervenants, il faudrait que les groupes déjà existants, notamment les psychologues, les agents et agentes de pastorale, les travailleurs et travailleuses sociaux, les infirmières et les infirmiers, et les médecins se préoccupent davantage du suivi de deuil et qu'ils lui donnent une place plus importante dans leurs activités. Cependant, tous s'accordent pour dire qu'il ne faudrait pas médicaliser le deuil normal, insistant plutôt sur une prise de conscience élargie de ses manifestations et de ses effets, sur l'écoute attentive et patiente, sur la sensibilité et la compassion bien comprise: une présence *à* la souffrance de l'autre et non *dans* la souffrance de l'autre; une présence active d'accompagnement centrée, focalisée sur un meilleur fonctionnement de la personne qui souffre dans son deuil.

On dit souvent qu'on ne peut vraiment saisir l'ampleur et l'impact d'une épreuve tant qu'on n'en a pas subi soi-même une semblable. C'est à la fois vrai et faux. Il est vrai qu'on ne peut jamais se mettre entièrement dans la peau de l'autre et que chaque expérience est unique et jamais complètement communicable. En ce qui me concerne, il est vrai qu'aucun de mes proches n'est décédé d'une mort violente ou mutilante. Il est également vrai que je ne pourrais jamais ressentir viscéralement comme une mère la mort de son enfant, par exemple. Mais il est aussi vrai, si l'on me permet cette analogie, qu'il n'est pas nécessaire d'être compositeur pour vibrer à l'écoute de la musique, ni d'être artiste pour apprécier la beauté ou la profondeur d'une œuvre d'art. Il est donc possible, sans être véritablement «passé par là», de porter son empathie, son «attention aidante», vers la personne endeuillée, en mettant de côté d'une certaine façon les connaissances techniques indispensables. Lors d'un séminaire tenu à Ottawa le 29 septembre 1989, madame Kesselman Hardy, travailleuse sociale, disait à ce propos: *«People don't care about how much you know... until they know how much you care.»*

Travailler avec les endeuillés, c'est les accompagner dans leur travail de deuil, les encadrer et les soutenir. Car il s'agit bien, comme nous le verrons plus loin, d'un travail. Pour faciliter ce travail, il est important de légitimer leur chagrin, de leur donner en premier lieu la «permission» de l'exprimer, et aussi de les sécuriser et de les renseigner sur les manifestations habituelles ou normales du deuil. Ces deux derniers points méritent d'être soulignés, car ils sont souvent délaissés. Les endeuillés demandent fréquemment des éclaircissements sur l'évolution de leur travail. Ils ressentent le besoin de vérifier où ils en sont dans leur cheminement, s'il est fréquent ou normal de ressentir tel sentiment ou de vivre tel comportement et quêtent l'approbation et l'encouragement. Ils ont souvent peur de perdre pied et de connaître la dépression. Il est donc vital dans l'aide aux endeuillés de les renseigner et les sécuriser.

Telles sont les prémisses de ce livre. S'il peut aider le lecteur à se familiariser avec le processus de deuil, contribuer à briser l'isolement des endeuillés et leur apporter quelques éléments de soutien, de réflexion et d'aide dans leur recherche d'un mieux-être, cet ouvrage aura atteint son but.

CHAPITRE
1

RENONCEMENTS ET DYNAMIQUE DE DEUIL

Seul l'arbre qui a subi les assauts du vent est vraiment vigoureux, car c'est dans la lutte que les racines, mises à l'épreuve, se fortifient.

Sénèque

LE DÉTACHEMENT ET L'ANGOISSE DE LA SÉPARATION

Tout au long de sa vie, l'être humain est aux prises avec ce dilemme à répétition : s'attacher et se détacher.

Dès la période intra-utérine, nous devons apprendre à nous adapter à de multiples changements. À la naissance, la vie nous impose, déjà, une pénible expérience de détachement. Il nous faut quitter, abandonner pour toujours le lieu sombre, doux et chaud, devenu familier, dans lequel nous baignions notre insouciance et notre passivité relatives pour affronter le dur contact avec la lumière, le bruit et le monde solide, un monde nouveau. Une vie autre, riche de promesses, mais aussi d'embûches et d'apparentes contradictions, nous attend, nous attire à elle, nous aspire et nous expulse en même temps, dans un mouvement à maints égards violent. Dès lors, nous commençons à surmonter les dures étapes du développement de l'autonomie et de la conscience.

Première, pénible et nécessaire expérience de détachement.

Il est heureux que le conscient ait oublié cette épreuve, mais l'expérience reste gravée à jamais au tréfonds de notre être. La leçon a marqué et l'apprentissage se poursuivra.

Nous apprenons ensuite que la vie est une force rythmée d'incessantes contractions et expansions. Nous apprenons à vivre une suite ininterrompue d'apprentissages, d'adaptations, d'expérimentations et de métamorphoses. La vie est mouvement et transformation.

Sans en être conscients, nous apprenons qu'il est désormais impossible de reculer et que nous devons suivre le mouvement de croissance, certes ponctué par des hésitations, des arrêts et des accidents de parcours, mais irréversible. Nous n'avons pas le choix, il faut avancer. Car la statique est contraire à la vie.

Avancer, c'est faire l'expérience du déplacement (dé-placement), du détachement. Telle place investie (physique ou affective), il nous faudra tôt ou tard la quitter pour investir ailleurs. Nous vivons très tôt l'expérience de l'inconnu, d'un univers étranger, différent et incertain. Cette présence de l'inconnu autour de nous est troublante, menaçante. Elle nous appelle et, en même temps, nous empêche d'y aller pour finalement accueillir notre besoin, notre désir d'apprendre et de connaître, de grandir. Après avoir péniblement maîtrisé les trébuchements, les hésitations et les peurs, nous découvrons d'abord avec surprise, contentement et fierté mêlés, que nous avons surmonté le déplacement, le changement, puis ensuite qu'il nous faudra recommencer le processus sans cesse renouvelé, encore et encore. Processus laborieux marqué par la douleur : grandir, c'est aussi souffrir. Heureusement, la vie nous offre ses compensations, mais souvent les récompenses ne sont pas évidentes ou se font attendre. Ainsi, nous goûtons très tôt à un curieux mélange à la fois amer et délicieux, fortifiant et empoisonné : le plaisir et la douleur; la joie et la peine; la satisfaction et la frustration; l'attachement et le détachement; l'investissement et le renoncement.

Je ne sais plus qui disait : «Aime qui tu voudras, il te faudra le quitter. Vis comme tu voudras, il te faudra mourir.» Maxime stoïcienne que d'aucuns trouvent inacceptable, trop fataliste, tandis que d'autres y puisent la sagesse et la force de vivre chaque jour avec le maximum de plénitude comme s'il s'agissait du dernier.

Car telle est la dure réalité : la vie donne et reprend. Nous devons investir pour vivre, mais il nous faudra accepter de perdre tout au long de notre vie, et souvent durement.

Nous avons heureusement oublié un nombre incalculable de pertes passées. Quantité d'entre elles, insignifiantes, n'ont laissé aucune trace dans notre conscient. D'autres ont été plus marquantes, voire traumatisantes, et notre organisme a fait appel à des mécanismes de défense pour protéger notre vulnérabilité, ménager notre sensibilité et permettre à notre personnalité de profiter des apprentissages sans faire obstacle à son développement. Clément, le conscient a oublié le choc de l'épreuve. Les premières pertes ont été déterminantes d'une façon ou d'une autre dans notre survie et notre développement. Avec le temps, les tourments de l'enfance et de l'adolescence enfin apaisés, l'être adulte parvient assez aisément à accepter cette réalité. À la maturité cependant, il semble plus difficilement acceptable de se faire présenter une perte comme élément de croissance, et cette perspective est, de fait, souvent refusée.

Certes, toute personne peut apprendre, expérimenter durant sa vie entière jusqu'à sa mort lorsque de bonnes conditions sont réunies. En ce sens, la vie peut être considérée globalement comme un phénomène de développement, de croissance. Mais il me semble naturel qu'une personne parvenue à la maturité ou à la vieillesse, un stade où elle est en droit de profiter des fruits de sa croissance, considère alors qu'elle n'a plus besoin de «perdre pour grandir». Aussi me paraît-il compréhensible que nombre d'endeuillés se sentent heurtés par une telle interprétation. Je partage, quant à moi, quelques réserves sur l'usage immodéré ou non nuancé du mot «grandir». À mon sens, il s'agit d'une intellectualisation à mauvais escient plus souvent choquante qu'aidante dans le travail du deuil. Personnellement, je préfère me référer aux notions de dépassement, de détachement, d'acceptation, de désinvestissement, d'intégration.

Pour comprendre le phénomène du deuil, il est nécessaire de se rapporter aux expériences antérieures de séparation, en particulier celles de la naissance et de la prime enfance. On peut, en effet, considérer l'expérience du deuil comme, en partie, un retour inconscient aux pertes importantes de l'enfance, aux premières séparations nécessaires à l'évolution affective, réactivées par le deuil récent. À la naissance, le bébé, jusqu'alors en complète symbiose avec la mère, est détaché et même littéralement coupé de celle-ci. Cette expérience cruciale sera ravivée dans les premiers mois de sa vie, car n'ayant pas encore conscience de sa personnalité propre et individuelle, le nouveau-né ressent l'angoisse de la séparation. Chaque éloignement de la mère est perçu momentanément comme une destruction de son monde, et ce, tant que la perception de son moi distinct n'est pas acquise. Durant le développement de l'enfant, l'absence ou l'éloignement de la mère sont encore maintes fois ressenties comme un abandon de la part de celle-ci. Plus tard, l'angoisse de la séparation sera réactivée et ressentie inconsciemment à l'occasion d'expériences perçues comme semblables. En tant qu'adultes nous continuons de porter en nous cette angoisse résiduelle, profondément existentielle et jamais tout à fait résolue, d'être annihilé par la séparation; la mort ou toute autre perte importante réactivera au fond de nous l'angoisse de la séparation, laquelle constitue fondamentalement la dynamique du deuil.

CHAPITRE

2

LES PERTES DE LA VIE

Les sœurs jumelles, la Mort et la Nuit, lavent doucement et sans cesse toujours et toujours ce monde souillé.

Walt Whitman

Catherine a 22 ans. Depuis plus de trois ans elle porte en elle le chagrin d'avoir perdu Josée, une amie d'enfance. Elles ont bien connu quelques brouilles, quelques altercations au sujet de vétilles, avoue-t-elle avec le recul, mais elles ne se sont jamais vraiment fâchées, et Catherine ignore, ne comprend pas ce qui s'est passé. La rupture a-t-elle été provoquée par une blessure d'amour-propre, une déception, le choix d'orientations différentes ou bien les circonstances matérielles? La perte de cette amitié a laissé un grand vide lancinant. Catherine ressent un mélange de ressentiment et de culpabilité qu'elle ne peut rationaliser. Elle cherche encore à s'expliquer cette perte et à récupérer la relation d'antan.

Pierre a sept ans. Jusqu'à présent il avait été un garçon plein d'entrain, joyeux et sociable, «facile à vivre». Depuis quelque temps, il est devenu renfermé, boudeur, parfois coléreux. Il répond vertement à ses parents à tout propos. Il va à l'école sans plaisir et se chamaille constamment avec ses copains. Il exprime à sa façon le malaise qu'il ressent à la suite d'une profonde désorganisation. Ses parents ont dû déménager six mois auparavant et Pierre a, de ce fait, perdu l'environnement familier dans lequel il avait grandi : la maison familiale et le quartier où il avait passé ses premières années, les voisins, les camarades, l'école qu'il aimait bien. De plus, il a dû se séparer en même temps du petit chien Tobby qu'il affectionnait tant.

Jamil a quitté le Liban à l'âge de 37 ans pour émigrer au Canada avec sa femme et son jeune fils. «Ce n'était plus possible, dit-il, je voulais faire ma vie et élever mes enfants dans d'autres conditions.» Il ressent un déchirement douloureux entre l'amour de son pays, son désengagement politique et le besoin d'assurer l'avenir des siens dans un climat moins hostile. «Je ne sais pas quand je retournerai au Liban, peut-être jamais... Je ne reverrai peut-être jamais ma mère ni ma famille restées là-bas», ajoute-t-il, manifestement torturé par son choix.

Jacqueline a 42 ans. Elle était chanteuse dans une chorale semi-professionnelle et son art lui procurait de grandes satisfactions malgré les aléas du métier. Elle se fait aider depuis un an par un psychologue, car une chirurgie relativement mineure a modifié sa voix irrévocablement. Jacqueline est en bonne santé et elle n'ignore pas que l'opération l'a sauvée à temps et sans aucun doute de complications graves. Sa vie conjugale est heureuse et elle a d'autres intérêts, mais elle ne pourra jamais plus chanter comme avant.

Charles a lui aussi une vie heureuse à 52 ans. Le mariage a tenu le coup et ses trois enfants sont déjà bien installés dans la vie. Mais il connaît un revers de fortune important, qui remet en question son train de vie habituel et son avenir, bien que celui-ci ne soit pas vraiment menacé. Néanmoins,

Charles ressent la situation comme un échec, une perte d'illusions et d'espoirs. En outre, le changement de standing a entraîné l'éloignement de certains amis. Son image de soi en prend un coup. Heureusement, la relation du couple est solide et la famille fait front dans un soutien mutuel. Charles évitera une dépression sévère et saura s'adapter sans séquelles graves à une vie nouvelle.

Pierrette et Gaston vivent depuis quelques années dans une petite maison de banlieue, la réalisation d'un vieux rêve. Elle a 72 ans, et lui, 77. Ils ont de la chance, disent-ils. «La vie n'a pas toujours été facile, mais on s'en est sortis sans trop de difficultés. La santé est encore bonne malgré les inconvénients de l'âge. Il y a longtemps, nous avons perdu une fille, et plus tard un petit-fils dans un accident. Il nous reste quatre enfants, dont un qu'on ne voit pas souvent, et sept petits-enfants. Trois d'entre eux sont mariés et nous attendons la naissance d'une deuxième arrière-petite-fille au printemps prochain... Dans quelques années nous serons peut-être obligés de vendre la maison et de nous installer ailleurs, mais pas tant que nous pourrons nous en occuper. Ce ne sera pas le premier déménagement, vous savez; dans le temps, nous avons perdu une maison dans un incendie et plus tard nous avons dû vendre à perte un petit commerce qui marchait bien...»

Pierrette et Gaston ont eu une vie bien remplie, avec ses joies et ses peines, ses obstacles, ses malheurs et ses récompenses. Toujours actifs, joviaux et sereins, ils jettent un regard paisible et dénué d'amertume sur leur passé, et l'avenir est affronté sans appréhension inutile. Dans l'ensemble, ils sont fiers et satisfaits de leur vie et vieillissent paisiblement malgré les déficiences et les privations imposées par l'âge.

Isabelle a 23 ans. Elle vient de perdre une «tante» âgée de 92 ans, en fait une vieille amie de sa mère. Sans y être profondément attachée, elle aimait bien la visiter de temps à autre, lui rendre service et lui apporter sa tendresse et son affection. «Je me sens bizarre, il y a un grand vide... elle n'est plus là, ne sera plus jamais là... je ne la verrai plus», dit-elle. Puis elle enchaîne en parlant de ses grands-parents maternels qui vieillissent eux aussi et qui vont mourir un jour.

Considérons les grandes étapes de la vie – la naissance, l'enfance, l'adolescence, la jeunesse adulte, la maturité et la vieillesse – confrontées aux pertes que chaque être humain subit au cours de sa destinée.

Certaines de ces pertes sont «naturelles»; d'autres, «accidentelles». Certaines sont subies; d'autres, provoquées ou choisies. Mais quels que soient l'hérédité, l'environnement affectif, la race, la culture ou le statut social qui président au destin, chacun de nous a fait ou fera l'expérience de ces pertes d'une façon ou d'une autre.

LA NAISSANCE ET L'ENFANCE

Bien que nous ayons oublié la plupart d'entre elles ainsi que leurs effets sur notre développement, les pertes de l'enfance ont été nombreuses. À la naissance, nous avons subi l'une des plus cruelles (par ailleurs commune à tous) expériences de détachement : l'expulsion du ventre maternel, la séparation définitive de l'univers avec lequel le bébé était jusqu'alors en complète symbiose. C'est la perte inéluctable du monde porteur intimement enveloppant, profondément sécurisant. Pendant environ un an après la naissance, la symbiose avec la mère se poursuit, mais différemment. Bien qu'il ait subi la coupure d'avec son monde originel, le bébé ne perçoit pas encore son existence séparée de celle de sa mère, qui représente son univers. Durant cette période, la vie du bébé est régie par les besoins vitaux et le plaisir. Naturellement, il s'attend à ce que ces derniers soient comblés et, spontanément, il fait confiance à la source de gratification, soit la mère ou un substitut. Aussi est-il normal que tout retard ou manquement à satisfaire ses besoins de base soit ressenti par le nourrisson comme une destruction de son univers, le seul dont il est conscient et dont la mère fait partie intégrante. Donc, il s'agit bien d'expériences passagères de perte. Ensuite, durant les trois prochaines années, l'enfant apprendra lentement et péniblement, par étapes, à subir et à surmonter les inévitables (et nécessaires) éloignements de la mère en fonction du développement de son autonomie. Au cours de cette période, il acquiert peu à peu la notion de son existence propre et ne ressent plus l'éloignement de la mère comme une destruction, mais plutôt comme un abandon. Il perd son état, son statut de bébé. Il apprend lentement ce qu'il aime et ce qu'il peut faire, le sens du pouvoir, de la volonté, et l'autonomie. Mais il apprend en même temps les contraintes et les limites, les notions de honte, de doute et de renoncement. Plus tard, jusqu'à l'âge de cinq ou six ans environ, l'enfant élargit le cercle initial de ses parents et de la fratrie, et l'étend aux compagnons de jeu et de la maternelle. Un autre monde. Il ne dit plus «je veux ça», mais «je veux le faire». C'est le stade de l'initiative et de l'identification. L'enfant apprend alors à se donner des objectifs à sa mesure et à vivre en interrelation avec le milieu. Mais il apprend aussi les limites et les contraintes qui l'empêchent de faire tout ce qu'il voudrait ou voit les autres faire. Il s'agit encore de renoncements. De plus, il aura entre temps abandonné par la force des choses quantité de situations et d'objets familiers (diverses formes de maternage et d'attention ou de relation avec les personnes de l'entourage; le berceau, les premiers jouets et les vêtements, etc.). Quelquefois, la mort d'un grand-parent ou d'un animal, l'éloignement d'un environnement familier (déménagement, changement d'amis), par exemple, constituent également des pertes importantes, auxquelles peuvent s'ajouter dans des circonstances plus dramatiques celle d'un frère ou d'une sœur, d'un ami ou d'un parent (à la suite d'une séparation, d'un divorce, ou d'un décès).

Puis, l'enfant connaît une période dite de latence au cours de laquelle se précise le «je suis capable» venant couronner le «je veux le faire» précédent. C'est l'âge scolaire.

Plus réaliste, plus disposé à accomplir des tâches concrètes, à élaborer des projets, il se sent prêt à fournir des efforts. Il apprend le plaisir de travailler et d'obtenir des récompenses comme résultats de ses efforts. Mais, inévitablement, il connaît des difficultés d'accomplissement et quelques échecs. Ces échecs, ces ratages peuvent être momentanément ressentis comme la perte du sentiment de compétence et d'intelligence, d'un certain idéal à atteindre. En outre, le préadolescent sent plus ou moins consciemment qu'il perd graduellement le statut d'enfant. Bien entendu, les pertes «accidentelles» mentionnées plus haut peuvent aussi se produire à cette étape et être ressenties cruellement.

L'ADOLESCENCE

L'adolescence est une longue étape d'affirmation et de recherche d'identité. C'est une période de synthèse déterminante pour la personne qui poursuivra dorénavant sa vie en fonction de l'identité qu'elle s'est construite. Cette période est en général mouvementée et perturbée; le moi, auparavant plus passif, devient très actif et connaît une certaine fébrilité dans la reconnaissance de ses valeurs et l'affirmation de ses choix. À ce stade, l'adolescent devient capable d'envisager différentes possibilités, de relativiser et de faire des hypothèses. Une des valeurs les plus importantes chez l'adolescent réside dans la notion de fidélité à soi-même : «Parmi toutes les possibilités, je fais des choix qui correspondent à ma personne, qui me conviennent, et j'y reste fidèle.» Cette démarche s'effectue souvent dans les tâtonnements, les essais et les revirements, mais, en dépit des contradictions entre les systèmes de valeur, l'adolescent se sent foncièrement capable de rester loyal envers son libre engagement. L'adolescence est une période clef au cours de laquelle la tâche fondamentale et difficile consiste à se construire une identité psychosociale. Cette démarche entraîne un questionnement incessant et une constante remise en question; de plus, l'adolescent subit des changements importants et perturbants sur les plans hormonal, physique, moral, émotif et intellectuel. Il renonce définitivement et consciemment à l'enfance. Dans la recherche de son identité, il arrive fréquemment qu'il ressente certaines incapacités dues au manque de maturité ou de moyens, certaines limites intellectuelles ou un faible intérêt pour la poursuite des études, ce qui le poussera à redéfinir ses choix et à renoncer à certains idéaux. Pour nombre d'adolescents, le renoncement raisonné et délibéré de ces choix constitue malgré tout des pertes importantes. D'autres pertes de source extérieure peuvent être également ressenties avec douleur : la perte d'une amitié, souvent associée à la trahison ou à un manque de loyauté; la perte d'un premier amour qui, outre la trahison, renvoie l'adolescent à un questionnement profond, douloureux et dévalorisant sur son identité, son apparence physique et sa valeur; la perte de certains idéaux qu'il avait entretenus sur ses parents, sur la vie et la société.

Si l'adolescence est une période déterminante dans l'identité et l'orientation de la personne, on peut dire aussi qu'elle est cruciale par rapport aux pertes et aux renoncements : jusqu'à cette étape de la vie, l'individu subit les pertes sans prendre pleinement conscience de leur importance. À partir de l'adolescence, il en ressent toute la gravité, à la fois viscéralement *et* intellectuellement, et découvre qu'il est capable d'en mesurer la portée sur son monde intérieur *et* extérieur, sur la vie en général.

Porté par l'exaltation et les grands rêves, les projets importants et la confiance dans les valeurs sûres, l'adolescent découvre peu à peu que la réalité extérieure n'est pas toujours conforme à sa réalité intérieure. Cette découverte implique des changements, des adaptations et des renoncements souvent pénibles.

LA JEUNESSE ADULTE

L'orientation naturelle incite le jeune adulte à mettre en pratique et à actualiser les apprentissages précédents en vue de bâtir son propre avenir.

Bien que, dans la vingtaine, il soit encore souvent dépendant du foyer familial et de ses parents, il devra tôt ou tard partir, abandonner la «folle jeunesse», l'insouciance (relative) et certaines illusions. Ces détachements inscrits dans l'ordre des choses constituent d'autres pertes nécessaires au développement de son autonomie. À ce stade, la personne est en mesure d'implanter les bases de la vie qu'elle entend mener. Elle se sent désireuse d'établir des relations intimes particulières avec les autres sur le plan social et avec une personne privilégiée sur le plan affectif. Les besoins d'amour, d'intimité et de réalisation de soi comportent des risques, des erreurs et des échecs qui génèrent à leur tour le sentiment de perte d'idéaux, de rêves, de croyances ou de convictions.

LA MATURITÉ

Les mêmes pertes se présentent encore et s'accentuent parfois quand vient la maturité. Mais d'autres surviennent, par exemple le départ des enfants, un congédiement, un revers financier important, un divorce, dans certains cas l'expatriation ou un changement radical de milieu ou de statut, l'altération de l'apparence physique, une santé défaillante, le décès d'un ami ou d'un parent. Toutes ces pertes et bien d'autres peuvent être perçues comme importantes et difficiles à accepter et à surmonter à l'âge adulte.

LA VIEILLESSE

Quant à la vieillesse, elle est idéalement ressentie ou souhaitée comme une période pendant laquelle on récolte les fruits de son travail et on prend enfin un repos mérité. Même lorsqu'elle reste active longtemps, la personne âgée est habituellement moins portée à produire; elle est plutôt encline à dresser un bilan de sa vie. Si tout se passe bien, elle peut regarder en arrière et tirer satisfaction du chemin parcouru; elle connaît le sentiment d'avoir bien rempli sa vie par le travail, la procréation et l'éducation des enfants, l'amour partagé, un apport à la société sous une forme ou une autre. Cette satisfaction est en elle-même une grande récompense et permet, ou facilite, l'acceptation du déroulement d'une vie avec ses bons et ses mauvais moments. En révisant sa vie, une personne qui atteint la vieillesse dans de bonnes conditions se sent capable d'accepter ses erreurs ou échecs passés, de s'aimer et d'être empathique, tolérante, compréhensive avec les autres. Ces derniers comportements se manifestent souvent à l'égard des petits-enfants. Dans ces mêmes conditions, elle accepte la dépendance relative engendrée par son âge sans se sentir diminuée ou dévalorisée et connaît une certaine sérénité en regard du passé et de l'avenir.

Malheureusement, la maladie, la solitude ou une grande pauvreté affectent trop souvent ce déroulement idéal de façon dramatique. Cependant, même si la personne vieillissante jouit d'une bonne santé physique et mentale et d'une aisance financière qui permettent la poursuite d'une vie valorisante, elle devra inévitablement procéder à des renoncements : le décès du conjoint, l'abandon de la résidence, le retrait de la vie active, la vente de biens, la mort d'amis ou d'enfants, par exemple. Enfin, la perte d'autonomie, les déficiences physiques et mentales, l'anticipation de sa propre mort et l'abandon de la vie constituent les pertes ultimes.

Quel que soit notre âge, nous devons faire un effort pour nous remémorer la plupart des pertes subies au cours de notre vie passée tandis que d'autres restent vives dans le souvenir et ne semblent pas de nature à s'estomper. Celles-ci nous habitent longtemps et nous finissons par nous en accommoder.

À la réflexion, nous réalisons qu'un certain nombre de pertes ont été nécessaires au développement de notre personnalité et à notre survie, tandis que d'autres nous apparaissent aussi absurdes, révoltantes et inutiles aujourd'hui qu'hier; aucun raisonnement ne pourra jamais expliquer ces dernières de manière satisfaisante à notre entendement. Nous ne pourrons au mieux qu'en limiter les conséquences et tenter de faire en sorte qu'elles n'affectent pas trop notre désir et notre capacité de vivre pleinement la vie.

Par ailleurs, le temps et les circonstances aidant, nous tirons quelquefois une grande consolation dans le sentiment de fierté ou de force intérieure résultant du simple fait d'avoir surmonté les épreuves.

CHAPITRE

3

LE DEUIL

Et un jour nous prendrons la mort
pour aller vivre dans une étoile.

Van Gogh

LE PROCESSUS DE DEUIL

Toutes les pertes importantes subies au cours de notre vie, qu'elles soient affectives ou matérielles, génèrent des processus de deuil, probablement en réactivant au fond de nous l'ancienne angoisse de la séparation ressentie lors des premières expériences de détachement. Précisons toutefois que ces expériences ne sont pas vécues pareillement par tous et chacun. En conséquence, tous les deuils n'entraînent pas le même genre ni la même intensité de chagrin, d'anxiété ou de désorganisation.

Nous ressentons tous au cours de notre existence les effets de diverses carences, déficiences et frustrations. Les aléas de la vie nous contraignent à faire d'amères concessions et de pénibles sacrifices. De nombreux espoirs et projets sont réduits à néant par suite de complications, d'empêchements ou de changements imprévus. Nous souffrons d'innombrables abandons subits ou provoqués. Les blessures et les déchirements sont inévitables. L'expression courante «il faut en faire son deuil» traduit bien le sentiment de privation, la nécessité du renoncement et l'état de résignation provoqués par ces manques et ces pertes. Ce genre de deuil est souvent surmonté sans grande difficulté et vite résolu, pour autant qu'il ne déstabilise pas foncièrement la personne éprouvée. En général, pour reprendre d'autres expressions qui nous sont familières, celle-ci accuse le coup, avale la pilule, tourne la page, et s'adapte aux circonstances sans penser qu'elle effectue un travail de deuil. Les apprentissages acquis lors du développement de la personne sont mis à profit inconsciemment.

Mais il n'en est pas toujours ainsi et il arrive qu'une perte grave ébranle la personne au plus profond de son être. Les maladies, les séparations et les décès constituent les pertes les plus sévères de l'existence et, entre toutes, la mort d'un être cher est certainement l'épreuve la plus difficile à surmonter, car, dans la plupart des cas, elle entraîne un deuil plus vif et plus douloureux que toutes les autres formes de deuil. Le survivant est conscient d'être atteint au tréfonds de son être. La mort de la personne aimée, jusque-là partie intégrante de son univers, provoque un véritable séisme existentiel dont les secousses ébranlent plusieurs aspects de sa vie : la relation physique et affective est coupée; les projets et les espérances en commun sont brutalement stoppés; les croyances et les certitudes sont remises en question; la vie est désorganisée sur le plan matériel et pratique. Globalement, la douleur est multiple, intense et profonde.

C'est de ce type de deuil dont il est question dans ce livre.

Les chapitres subséquents traiteront du déroulement du deuil, de ses manifestations normales les plus courantes, de ses facteurs déterminants ainsi que de sa résolution. En premier lieu, voyons en quoi consiste le processus de deuil et pourquoi on parle de *travail* de deuil.

Dans le contexte spécifique qui nous intéresse, faire l'expérience d'un deuil, c'est subir la perte d'un être cher ou lié affectivement, éprouver l'affliction que suscite cette perte et enfin s'adapter et vivre en fonction des conséquences qu'elle entraîne. D'une façon globale la séquence se formule ainsi :

- Souffrance causée par la perte;
- Adaptation ou assimilation;
- Reconstruction ou guérison, ou encore réinvestissement.

Certains auteurs abordent le deuil en termes de processus tandis que d'autres se réfèrent à la notion de tâche, soulignant ainsi l'aspect travail du deuil. Selon Freud, le deuil consiste en un retrait de la libido de l'objet d'attachement disparu et à son déplacement ultérieur sur un nouvel objet. Fondamentalement, cette définition reste inchangée. Plus près de nous cependant, divers auteurs ont précisé, décomposé et nommé les étapes spécifiques du travail de deuil, que l'on peut classer ainsi (voir le tableau 1 à la page suivante) :

Considérons séparément les éléments de cette séquence.

Souffrance causée par la perte

Vivre un deuil, c'est avant tout subir la séparation, souffrir la perte irrévocable de la personne décédée et ressentir le chagrin engendré par cette perte.

Lorsque la mort était prévue à plus ou moins brève échéance, un certain degré de préparation ou de deuil anticipé a pu s'effectuer avant le décès. Il n'en demeure pas moins que jusqu'à l'instant fatidique, le survivant n'est pas encore véritablement en situation de deuil. Il ne peut que le pressentir, certainement pas dans sa totalité, bien qu'il puisse prévoir un certain nombre de ses implications. Jusqu'au décès, la situation de deuil n'est encore qu'une abstraction, un «à-venir» impersonnel, un «plus tard» situé dans un temps imprécis. Tant qu'il y a de la vie, il y a de l'espoir. Cette

TABLEAU 1

Perte Traumatisme	**Adaptation Cicatrisation**	**Reconstruction Guérison**
Acceptation, conscientisation de la réalité de la perte	Adaptation à l'environnement dont le défunt est absent	Modification des modèles de soi et du monde
Expérience intellectuelle et émotive de chagrin	Développement de la présence intérieure	Reformulation d'un sens à la vie
Réconciliation avec les circonstances du décès	Développement d'une nouvelle relation avec le disparu	Élaboration d'une nouvelle identité
Détachement	Dégagement de différentes perspectives	Développement de nouveaux rôles
	Désinvestissement	Exploitation des ressources
		Réinvestissement

conviction, rationnelle ou non, pousse le futur survivant à maintenir éloignée la confrontation à la perte définitive et à l'état de privation et de désorganisation qu'elle entraînera. Pour l'heure, toute son attention est mobilisée par la situation présente, son énergie est dirigée vers la présence de la personne aimée à laquelle il est encore rattaché.

Dans le cas de mort soudaine, aucune préparation intérieure ne permet d'amoindrir le choc. L'endeuillé subit la perte brutalement sans avoir pu en envisager les conséquences réelles.

Dans un cas comme dans l'autre, c'est à l'instant de la séparation définitive que la situation de deuil se crée, que le processus se déclenche et se poursuit dans ses étapes subséquentes. Le survivant prend alors conscience de la réalité de la perte. Dans les meilleures conditions, il se réconcilie avec les circonstances du décès. Le deuil commence, entraînant l'expérience émotive et intellectuelle de chagrin (choc, souffrance, pleurs, incrédulité, acceptation, etc.) et le processus de détachement s'amorce lentement (case de gauche dans le tableau 1).

Adaptation ou assimilation

Une modification cruciale et irréversible est imposée dans la relation entre l'endeuillé et le disparu par la mort de celui-ci. Les premières manifestations de chagrin passées, le survivant doit s'adapter à l'environnement global duquel le défunt est absent. S'il veut trouver un nouvel équilibre, il se doit de ne pas seulement subir la modification de situation imposée par la cause extérieure, mais aussi d'effectuer un changement en lui-même afin de s'adapter à sa nouvelle situation. Il s'agit dorénavant pour l'endeuillé de remplacer une présence affective antérieurement perçue comme permanente (vivre avec la présence physique) par une présence intérieure plus ou moins constante (vivre avec l'absence, le souvenir, la mémoire intériorisée de défunt). Ce remplacement ne peut se faire qu'en passant par une adaptation progressive à une nouvelle réalité, qui s'annonce mais qui est encore inconnue. C'est dans cette adaptation que réside l'intégration de la perte, et le processus soulève presque obligatoirement divers sentiments douloureux :

- Supporter et accepter la séparation constituent en soi une tâche difficile. L'équilibre antérieur, privé de l'un de ses éléments, est rompu ou sérieusement ébranlé. La perception de la réalité extérieure et intérieure est radicalement modifiée. L'absence de l'autre se fait douloureusement sentir dans tous les aspects de la vie.
- La conscientisation, le tri et l'aménagement des sentiments et des comportements entraînés par la perte constituent aussi une tâche douloureuse, car ils confrontent l'endeuillé à son vide intérieur, à son impuissance et à sa souffrance.

- Le développement d'une nouvelle relation au défunt ne peut se faire que par l'intériorisation de celui-ci (le développement du souvenir) et une grande partie de la souffrance est inhérente à la situation vécue, ressentie comme contradictoire ou paradoxale : d'une part, il est vital de retirer son investissement de l'objet d'attachement puisque celui-ci n'existe plus; d'autre part, simultanément, une difficulté surgit face à cette évidente nécessité, car le lien affectif n'est pas encore vraiment coupé. Il est presque impossible d'effectuer ce changement de façon brusque et rapide sans conséquences plus ou moins désastreuses.
- Enfin, le dégagement de nouvelles perspectives et le désinvestissement ne peuvent s'effectuer qu'après une période plus ou moins longue d'assimilation et de cicatrisation, et nécessitent du courage, de l'énergie et de la détermination (case centrale du tableau 1). De nombreux autres paramètres sont en cause dans la phase d'assimilation : les antécédents développementaux, psychologiques ou psychiatriques, le contexte socio-économique ou relationnel, etc. Ils seront étudiés plus en détail dans le chapitre sur les facteurs déterminants du deuil.

Reconstruction

La perte a provoqué une profonde modification des modèles de soi et du monde. À son corps défendant, l'endeuillé est confronté concrètement et douloureusement à ces dures réalités : la mort n'est pas seulement pour les autres; elle peut frapper à tout moment et, parfois, rien ne peut l'arrêter; chaque être humain est vulnérable et voué à sa propre finitude; rien n'est plus et ne sera jamais plus pareil sans la personne décédée; il faut recommencer et chercher, redécouvrir un sens à la vie. Peu à peu cependant, ces amers constats font place, dans un déroulement normal de deuil, à l'adaptation, au développement de nouveaux rôles en fonction de l'absence du disparu, à l'exploitation des ressources déjà existantes ou nouvellement découvertes. Dans des conditions normales, l'endeuillé se découvre une nouvelle identité, comprend que le souvenir du défunt ne l'empêche pas de vivre pleinement sa vie et sent qu'il est apte à réinvestir autrement son énergie.

La résolution du deuil est alors en bonne voie, sinon terminée (case de droite du tableau 1).

LE TRAVAIL DU DEUIL

En termes de processus proprement dit, une synthèse des différentes descriptions peut se formuler comme suit :

TABLEAU 2

Perte et conséquences	**Réactions**
1. Choc Acceptation de la réalité →	Expérience de chagrin
↓	↓
2. Adaptation Modification de l'environnement Intériorisation du défunt → Développement d'une nouvelle relation au défunt	Désorganisation
↓	↓
3. Modification de l'image de soi et du monde Reformulation d'un sens à la vie → Élaboration d'une nouvelle identité Réinvestissement de l'énergie	Reconstruction
→ **INTÉGRATION – RÉSOLUTION** ←	

Nous constatons que les conséquences de la perte ne se manifestent pas d'emblée en même temps. Chacune se révèle seulement après intégration de la précédente. Il y a un ordre corrélatif mais non interchangeable. Ainsi, il ne peut y avoir adaptation à la nouvelle réalité sans conscientisation et acceptation de cette réalité, de même qu'un sain réinvestissement ne peut s'effectuer sans une adaptation préalable.

Si l'on considère maintenant les conséquences de la perte comme un processus dynamique initiateur de changements, le tableau change et nous donne deux scénarios opposés possibles (ceux situés entre les deux extrémités seraient des variations plus ou moins problématiques, laborieuses ou douloureuses) :

1. Lorsque le deuil s'effectue mal ou se complique, il risque d'engendrer au mieux une semi-stagnation pendant laquelle la progression est très lente, difficile et s'accompagne d'une grande difficulté d'adaptation, et au pire une détresse insurmontable pouvant mener à la névrose, à la psychose ou à la destruction de soi, réelle ou symbolique (tableau 3).

TABLEAU 3

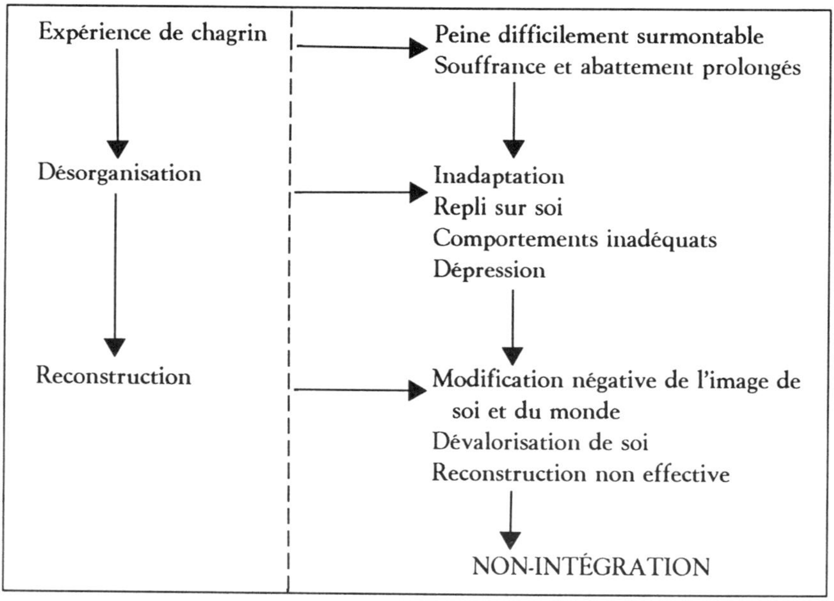

2. Cependant, dans la plupart des cas, le deuil se déroule naturellement d'une façon plus positive. Cette assertion reste difficilement démontrable en l'absence de suivi ou de pathologie identifiée comme reliée à la perte, mais jusqu'à preuve du contraire, on peut néanmoins présumer de son bien-fondé.

Une bonne résolution est illustrée dans le tableau 4, exemple classique d'un déroulement idéal.

En termes de dynamique, le processus de deuil peut donc être perçu comme un véritable travail, c'est-à-dire une démarche positive entreprise en fonction de la compréhension et de la conscientisation du problème (réalité de la perte)

TABLEAU 4

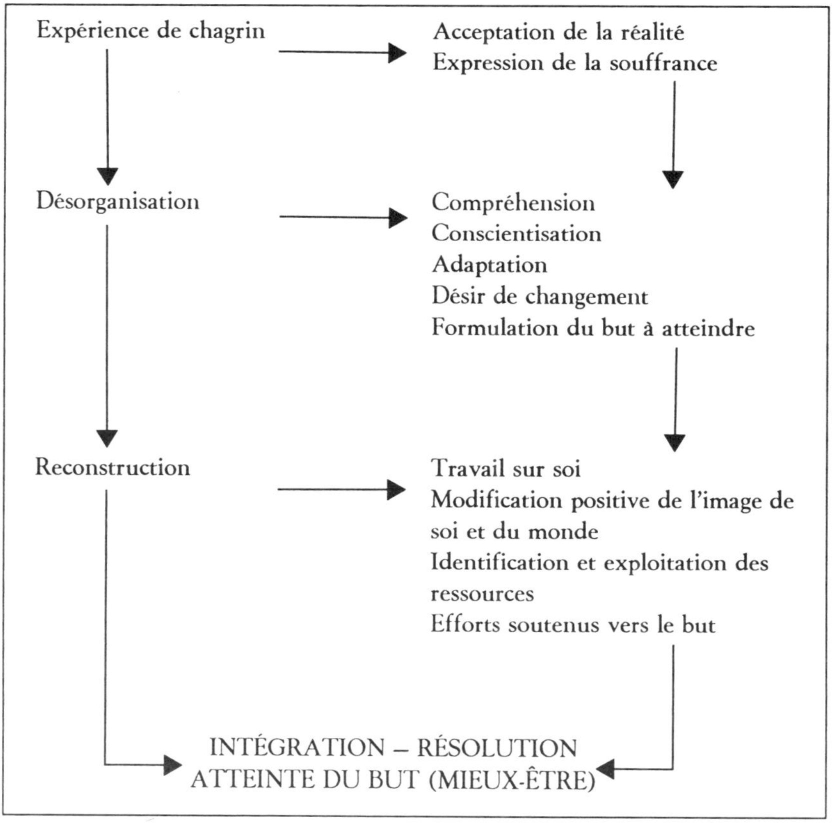

et de la perception cognitive et émotive de ses conséquences (désorganisation) visant au but recherché (reconstruction).

Il s'agit d'une action consciente vers un changement positif, une prise en charge de soi centrée sur le désir d'un mieux-être. Après avoir *subi* le changement imposé par la perte, il devient capital de l'*aménager*, d'en prendre le contrôle, de transformer le «survenir» extérieur en «devenir» intérieur. Ce travail sur soi peut bénéficier ou non d'agents facilitateurs, mais il exclut toute passivité et ne saurait s'effectuer sans un désir de changement, une profonde motivation intérieure.

Il faut dire néanmoins que cette description théorique et schématique du processus d'intégration ne s'applique pas toujours, dans les faits, de façon aussi systématique. Je ne fais que souligner ici l'importance de la prise en charge de soi, mais il faut tout de même admettre que l'intégration peut s'effectuer en grande partie, normalement et spontanément, à l'insu du sujet.

Le travail de deuil exige naturellement un temps plus ou moins long d'assimilation, d'intégration. On peut à juste titre le comparer à un processus de cicatrisation, de guérison émotive, et une plaie affective prend souvent plus de temps à guérir qu'une plaie corporelle. Le travail de deuil est un long cheminement difficile et douloureux qui permet à l'endeuillé de se réconcilier avec les circonstances du décès et, graduellement, d'accepter la mort de la personne aimée, son absence définitive et, conséquemment, la fin des tâches et des plaisirs antérieurement partagés, des projets, d'un avenir commun. C'est une marche parsemée de «jamais plus» peu à peu remplacée par des «à-venir» inconnus, incertains, à peine pressentis. Un travail lent et progressif qui rend possible le développement de la «mémoire intérieure» du défunt, qui permet au survivant de garder présente en lui l'image du disparu sans que ce souvenir, cette présence intérieure n'affecte ou n'entrave démesurément sa qualité de vie. Certes, l'existence est arrêtée et modifiée, mais elle redevient possible autrement, car le travail de deuil bien effectué amène l'endeuillé à redéfinir son identité propre en fonction de l'absence, à s'adapter à de nouveaux rôles et objectifs, et à redevenir disponible à la vie, à d'autres personnes et intérêts. Bien que la phase cruciale du deuil se passe habituellement dans les quelques semaines (deux ou trois mois) suivant la perte, une période minimale de résolution complète d'environ un an est souvent nécessaire. Cette période peut même s'étendre, chez les veuves en particulier, au-delà d'une année ou deux sans qu'il soit nécessairement question d'un deuil compliqué. En fait, elle varie beaucoup selon divers facteurs qui seront explicités plus loin lorsqu'il sera question des déterminants du deuil.

La séquence des trois phases principales de réactions — expérience de chagrin, désorganisation, reconstruction — ne peut être bouleversée radicalement sans conséquences graves. En effet, la perte soulève naturellement un chagrin qui cherche à s'exprimer. S'il est réprimé, reporté à plus tard, ou s'il persiste à un degré extrême, la phase de désorganisation, déjà difficile en soi, risque d'en subir les conséquences néfastes et de se compliquer; le travail de tri des émotions, le développement de la «présence intérieure», ou processus d'intériorisation, et le détachement seront bloqués ou perturbés par la présence envahissante et obnubilante du chagrin; enfin, la phase de reconstruction sera elle aussi menacée, car on ne peut reconstruire sur un terrain malsain, ni sans avoir fait l'inventaire des anciens matériaux réutilisables et des éléments qui s'imposent.

Il est bon de souligner toutefois que le travail de deuil n'est pas nécessairement uniforme, rectiligne, régulier. Les facteurs de résolution ne résident pas dans un déroulement sans heurts réglé selon un ordre strict. Dans la plupart des cas, le travail de deuil est ponctué de pannes, de bonds en avant ou de reculs, et c'est normal. Les endeuillés ne devraient pas se conformer à un modèle tout tracé, ni se culpabiliser des périodes de découragement, de «rechutes», d'arrêts ou de reculs, ni des absences momentanées de progrès notables. Ces effets peuvent déranger l'entourage qui y voit peut-être des signes de complaisance et souhaite que l'endeuillé «tourne la page» au plus vite. Il est fréquent que les effets d'un travail intérieur n'apparaissent clairement qu'avec une certaine distanciation. Il peut même s'avérer nécessaire de prendre du recul avant de poursuivre, de faire un bilan, d'évaluer le chemin parcouru et de prendre conscience des acquis avant de réajuster son orientation.

LA PHASE CRUCIALE DU DEUIL

Le deuil s'inscrit dans un continuum comprenant la perte, la désorganisation et la reconstruction. Sans perte, il ne peut évidemment pas y avoir de deuil, et la résolution est incomplète sans intégration de la perte.

Si on analyse plus en détail ce qui se passe entre les deux extrémités, nous constatons que la phase cruciale du centre compose l'essence du deuil. En effet, à l'annonce ou au constat du décès, le deuil n'est pas encore véritablement effectif, bien qu'il ait pu être préparé ou anticipé; il ne fait que s'amorcer. Dans des circonstances normales, le désinvestissement n'a pas encore commencé à se faire. Par ailleurs, il faut noter que la phase de choc est courte et que, souvent, elle est atténuée d'une façon ou d'une autre par les mécanismes de défense mis en action par l'organisme pour anesthésier la douleur; la société et les usages de «bienséance» peuvent aussi réprimer ou abréger ses manifestations.

À l'autre extrémité, à la phase reconstruction (ou récupération), le mot dit bien que la personne endeuillée a surmonté l'épreuve et qu'elle est sur la voie de la «guérison».

Enfin, lorsque le réinvestissement s'effectue, le deuil est résolu en grande partie, sinon dans sa totalité.

L'étape de désorganisation et d'intégration constitue le nœud du problème, le carrefour entre le passé révolu (mais non encore résolu) et l'avenir incertain. Certains auteurs la nomment phase de désespoir ou de dépression. On pourrait aussi bien parler de turbulence d'émotions, de tempête de réactions ou d'engorgement d'adaptations psychologiques et autres, car c'est le moment où tout se bouscule et se déstabilise plus ou moins confusément et violemment.

Le travail de deuil proprement dit intervient donc au niveau de la transition entre l'état antérieur perdu et l'état futur inconnu. Cette transition est plus ou moins douloureuse et problématique, mais elle ne peut se faire sans un travail d'assimilation et d'intégration.

Le stade de désorganisation/intégration présente en lui-même une séquence *protestation*, *désespoir* et *détachement*, illustrée de façon générale au tableau 5 (à la page suivante).

Ces réactions et manifestations peuvent se présenter en nombre et en intensité variables, ainsi que dans un ordre différent de celui du tableau qui suit. Chacun réagit à la perte et résout son deuil selon les circonstances inhérentes au décès et sa personnalité.

LES CONDITIONS PRÉALABLES AU BON DÉROULEMENT DU DEUIL

Le travail de deuil requiert au niveau psychologique des conditions de base, des préalables qui ont été définis par les spécialistes comme nécessaires à sa bonne résolution :

- Une relation à l'autre (le défunt) dont l'ambivalence ne modifie pas négativement l'amour que l'endeuillé lui portait. «Il avait bien des défauts, personne n'est parfait, mais nous nous aimions et je souffre de sa mort.»

TABLEAU 5

DÉSORGANISATION – INTÉGRATION	
Perceptions intérieures	**Manifestations extérieures**
Protestation Souffrance Stupeur Incrédulité Culpabilité Anxiété Confusion Symptômes somatiques	Pleurs Déni Révolte Colère Hostilité Symptômes somatiques
Désespoir Chagrin Lamentation Déchirement Angoisse Dépression Symptômes somatiques et psychologiques	Agitation Désorganisation Recherche de l'objet disparu Fonctionnement ralenti Symptômes somatiques et psychologiques Changements comportementaux
Détachement (positif ou négatif) Apathie Repli sur soi Résignation Perte d'intérêts Détresse (négatif) Espérance (positif) Persistance ou atténuation des symptômes	Isolement Asthénie Passivité Fonctionnement automatique Sociabilité diminuée Comportements inadaptés (négatif) Reconstruction (positif) Persistance ou atténuation des symptômes

– L'absence d'identification à la cause de la mort. Dans le cas contraire, des pensées telles que celles-ci risquent de survenir : «Je n'ai pas fait ce qu'il fallait», «Je ne l'ai pas assez aimée, ou protégée, c'est pour cela qu'elle est morte», «Même si au fond je ne désirais pas sa mort, il m'est arrivé de la souhaiter sous le coup de la rage, et c'est peut-être cela qui l'a fait mourir», etc.

– L'absence d'identification au mort : le survivant développe une pathologie symbolique ou meurt (physiquement par le suicide ou symboliquement par des comportements déviés, mal adaptés ou dévalorisants). Cependant, l'identification, tout comme l'ambivalence, peut survenir de façon fugace dans un deuil normal.

– L'acceptation de sa propre finitude, d'une façon rationnelle, sans obsession de la mort.

– L'absence d'une réactivation *importante* d'une perte précédente mal assimilée (ancienne ou non), bien qu'elle puisse se produire de façon temporaire aussi dans un deuil normal. Il faut noter que la mort d'un être cher réactive souvent des sentiments relatifs à une perte précédente. Tout réside dans l'*importance*, soulignons-le, d'une telle réactivation, et dans l'intensité des sentiments qu'elle suscite.

– L'absence d'une réactivation *importante* des symptômes de chagrin aux dates anniversaires. Là encore, c'est une question d'intensité. Il est normal qu'à certaines occasions l'absence de la personne disparue se fasse sentir plus douloureusement.

Lorsque ces conditions de base ne sont pas réunies, le deuil est plus difficile à mener à terme, car il exige de la personne endeuillée un travail sur elle-même qui dépasse de beaucoup le problème inhérent à la perte elle-même, et la reporte plus ou moins consciemment aux origines du développement de son être. Cette recherche risque d'activer ou de réactiver divers sentiments ambivalents ou émotions fortes depuis longtemps refoulés. Par exemple : «Je sais qu'il m'aimait, mais il ne l'a jamais dit, il ne m'a jamais prise dans ses bras quand j'étais petite», «Au fond, je l'aimais beaucoup même si nous ne nous parlions pas... j'aurais voulu lui dire que je l'aimais avant qu'il ne soit trop tard», «Il a fait telle ou telle chose, et ma vie en a été perturbée profondément... je ne lui ai jamais pardonné le mal qu'il m'a fait», etc.

LES PRINCIPALES DIFFICULTÉS VÉCUES PAR LES ENDEUILLÉS

Il y a certaines difficultés inhérentes au travail de deuil. Bien que l'entourage n'y soit pas toujours sensible ou qu'il les traite à la légère, elles sont vécues concrètement et viscéralement par les endeuillés.

Le travail de deuil, lent et progressif, exige du temps. Or, brusquement, il s'est suspendu, particulièrement chez les dépendants. L'avenir est incertain : au pire un immense vide, au mieux un grand inconnu sans points d'attache précis. Le temps, privé de la quotidienneté, semble s'éterniser dans la vacuité.

Le travail de deuil demande une énorme quantité d'énergie émotive et psychologique, d'autant plus que la perte a radicalement modifié plusieurs aspects de la vie de l'endeuillé. Il se sent momentanément ébranlé, abattu, privé de ses forces, démobilisé et démotivé. Cet état de vulnérabilité et d'impuissance, souvent couplé à la fatigue physique, dans le cas d'une longue maladie par exemple, ne favorise pas l'identification et l'exploitation des ressources intérieures qui semblent s'être dispersées au moment où l'endeuillé en a le plus besoin. Celui-ci se sent souvent épuisé physiquement ou émotionnellement, vidé, sans ressort, incapable dans un premier temps de rassembler ses moyens et ses forces.

Les dates anniversaires (naissance, baptême, anniversaire, événements marquants) constituent souvent des facteurs d'arrêt, de «blocage» ou de difficulté dans le déroulement du travail de deuil. La vie est rythmée dans les tâches, les échanges affectifs, les loisirs, les plaisirs et les préoccupations diverses par les heures, les mois et les années; les anticipations et les rappels ancrent la vie quotidienne à la fois dans le futur et le souvenir, et cela ne change pas radicalement à la suite de la mort d'une personne aimée. Le survivant garde longtemps le souvenir d'événements partagés avec le défunt et, après sa mort, il y aura fatalement une première fois où il faudra le vivre sans lui, puis une deuxième, une autre encore, et ainsi de suite. Cette réaction est particulièrement sensible dans le cours d'une année marquée par des événements auxquels il était prévu de participer. Il n'est donc pas surprenant que le cycle d'une année soit si important dans la résolution du deuil. C'est ici qu'intervient le processus de développement de la présence intérieure, de l'apprentissage de la vie en fonction de l'absence du disparu, de l'intériorisation de l'image du défunt. Ce n'est qu'en vivant ce cycle sans lui que l'endeuillé bouclera la boucle des circonstances ponctuelles antérieurement vécues avec lui. Cela est particulièrement manifeste chez les conjoints de longue date et chez les dépendants. Donc, faire un travail de deuil, c'est aussi souffrir une multitude de renoncements reliés à la perte initiale :

- «Mon père n'assistera pas à ma remise de diplôme.»
- «Sa mère ne l'accompagnera pas à la prochaine rentrée des classes.»
- «Il ne partagera pas notre prochain Noël.»
- «Elle sera absente au baptême du petit, ou au mariage de sa fille.»
- «J'ai perdu un compagnon de chasse ou une compagne de travail.»
- «Les vacances ne seront pas pareilles l'an prochain.»
- «Maintenant, il va falloir que je me débrouille seule pour les préparatifs de l'hiver ou les travaux de printemps.»
- «Mes enfants n'auront jamais connu leur grand-mère.»

D'autres tiraillements ou contradictions surgissent à différents niveaux dans le déroulement du deuil :

- Le travail de deuil exige d'aller au fond de sa peine, du sens de la vie, de la mort et de sa propre existence. Ce travail en profondeur sur soi est très exigeant.

- La perception du deuil, de ses conséquences et de son déroulement varie beaucoup selon qu'elle est de l'endeuillé, de ses proches ou de psychologues ou psychiatres. Les endeuillés peuvent ressentir l'obligation de s'adapter aux modèles extérieurs.
- Dans la désorganisation entraînée par la perte, l'endeuillé peut ressentir plus ou moins consciemment un conflit entre son besoin de dépendance et son désir légitime d'émancipation.

Dans le cas d'un deuil normal, la désorganisation se manifeste par les symptômes d'une dépression qui ne peut toutefois être à proprement parler considérée ni traitée médicalement.

Le deuil n'est pas une maladie. Cependant, il est souvent traité comme un trouble de fonctionnement vu sous l'angle thérapeutique.

Bien que l'approche thérapeutique ne soit pas nécessairement la plus appropriée en suivi de deuil, on peut malgré tout, à bien des égards, considérer et conduire l'aide au deuil de la même façon qu'une thérapie.

L'endeuillé a souvent tendance à vouloir éviter l'anxiété générée par la perte en refoulant ses émotions, alors que l'expression des affects constitue un excellent moyen d'aider à la résolution du deuil.

Beaucoup d'endeuillés doivent apprendre à vivre, à composer dans le quotidien avec la paradoxale absence-présence de la personne disparue.

Les sentiments d'ambivalence sont très conflictuels. Par exemple, l'endeuillé peut ressentir du chagrin, de la colère et de la culpabilité, et à la fois se réjouir d'une sensation de paix ou de soulagement.

D'une certaine façon, l'endeuillé est l'objet d'attention et de sollicitude de la part de ses proches, mais il ressent toujours une immense solitude. Il se sent à la fois entouré, momentanément, et affreusement isolé.

L'endeuillé se sent vulnérable, démuni, profondément ébranlé et il lui faut pleurer, crier, voire se morfondre pendant un certain temps. En même temps, il ressent l'obligation, souvent imposée de l'extérieur, d'être fort, de faire face, de continuer à mener ses activités. C'est le cas particulièrement difficile d'une mère de famille qui doit affronter seule de lourdes responsabilités et qui ne peut pas «s'occuper de son deuil».

Pendant un certain temps l'endeuillé, même s'il aime beaucoup la vie, peut ressentir un tiraillement entre un obscur appel du défunt (le rejoindre dans la mort) et le besoin d'oublier et de se tourner vers l'avenir (la vie continue).

Le concept «accepter de perdre pour réinvestir» est souvent ressenti par les endeuillés comme illogique, irrationnel et inacceptable.

Tous ces conflits souvent diffus, subtils, mal cernés engendrent un malaise certain et soulèvent de nombreuses interrogations ou remises en question durant le déroulement du deuil, d'où l'importance de pouvoir en parler.

En terminant ce chapitre sur le travail de deuil, il faut souligner que les réactions et comportements vécus par les endeuillés ne correspondent pas toujours aux descriptions et aux modèles théoriques, mais cela ne signifie pas nécessairement un deuil anormal ou non résolu. Il n'est donc pas inutile de rappeler que de nombreux endeuillés résolvent leurs deuils de façon satisfaisante sans aide professionnelle particulière.

CHAPITRE

4

LES MANIFESTATIONS NORMALES DU DEUIL

Nous ne sommes, mon amour, que des enfants vieillis qui s'agitent avant de trouver le repos.

Lewis Carrol

«Je ne comprends pas ce qui m'arrive... tout a changé... je n'ai pas l'habitude de me laisser aller, mais je n'ai plus le goût de rien... je tourne en rond... je me contrains à manger... je dors mal. Je n'ose pas déranger mes amis avec mes problèmes... d'ailleurs quand je leur en parle, ils paraissent mal à l'aise. Mon comportement est-il si bizarre? Je ne veux pas connaître la dépression...»

Voici, schématisée, l'image que la personne endeuillée projette très fréquemment. Ce malaise global se fait habituellement sentir dès la cérémonie des funérailles terminée et se poursuit pendant quelques semaines. La tension accumulée durant les jours précédents et l'énergie requise pour faire face aux inévitables obligations font place à un grand vide. Surtout si la personne endeuillée était très proche ou dépendante du défunt, elle se sent alors profondément ébranlée; tout son être est déstabilisé. La désorganisation qui s'ensuit revêt des aspects multiples selon qu'elle affecte plus ou moins le cours normal de sa vie. Cette existence jusque-là partagée est foncièrement, et souvent d'une façon dramatique, modifiée sur les plans spirituel, affectif, familial, social, sexuel, émotif et financier. Les émotions et les comportements se trouvent soudainement déracinés, expatriés d'un terrain sûr et se cherchent de nouvelles voies d'expression.

Avant de parvenir à établir, à inventer ou à aménager un ordre nouveau, la personne fait l'expérience du désordre, d'une bousculade de bouleversements. Elle ressent plus ou moins le besoin d'identifier, de clarifier, de comprendre les changements, de manière à s'y adapter. En même temps, elle vit l'expérience douloureuse de pertes d'énergie et d'intérêt qui rendent précisément cette adaptation inconcevable ou très difficile.

La perte d'énergie s'explique facilement dans le cas où le survivant a dû effectuer, avant ou après le décès, de nombreux déplacements, prodiguer des soins souvent exigeants, modifier ses horaires de travail et de repos, continuer d'assumer les tâches quotidiennes et, enfin, régler les multiples formalités relatives au décès et aux funérailles.

La perte d'intérêt et le retrait du monde extérieur s'expliquent davantage comme des tendances à éviter le syndrome du chagrin, à repousser tout ce qui risque d'activer les réactions, y compris les visites, les marques de sympathie et même, paradoxalement, l'aide à laquelle la personne endeuillée aspire intérieurement; une forme d'insouciance, de fonctionnement automatique s'empare d'elle. Cependant, parallèlement au retrait et à l'apathie, existe l'impérieux besoin de trouver une façon d'exprimer ses sentiments, et ce, même si l'expression verbale est refoulée, car l'être entier (physique et psychologique) tend naturellement à se manifester par diverses réactions. Celles-ci sont à composantes multiples et constituent des moyens de verbaliser, d'extérioriser, de conjurer le chagrin. Ces réactions sont regroupées en quatre catégories :

- les sentiments,
- les manifestations cognitives,
- les sensations physiques,
- les comportements.

LES SENTIMENTS

Le chagrin

Le chagrin est ressenti plus ou moins intensément selon la nature du lien qui existait avec la personne défunte, les circonstances de la mort, la personnalité de l'endeuillé ou encore selon les usages socioculturels et les convenances.

Il est normal que certains décès ne provoquent que peu de chagrin (la mort d'un ami lointain ou d'une personne peu liée affectivement, par exemple), tandis que d'autres génèrent une grande affliction (la mort d'une personne aimée, d'un enfant, d'un conjoint ou d'un parent, ou certaines causes de décès, par exemple). Et puis, certaines personnes expriment ouvertement leur chagrin en pleurant ou en verbalisant abondamment, tandis que d'autres le ressentent plus intérieurement.

Les manifestations extérieures de chagrin ne constituent pas un indice d'authenticité, d'intensité ou de morbidité. Toutefois, dans certaines situations où la réaction de chagrin serait normale, son absence dénote un blocage émotif qui est ou peut devenir très problématique à court ou à long terme. Le blocage révèle chez la personne une difficulté ou une incapacité de vivre pleinement ses émotions, et il a généralement une origine lointaine.

La colère ou la révolte

«C'est injuste! Nous étions heureux ensemble... il ne devait pas mourir», «Elle avait un si bel avenir devant elle...

c'est cruel, absurde ce qui lui arrive», «S'ils avaient fait l'impossible, ça ne serait pas arrivé», etc. La révolte est une réaction naturelle et compréhensible – souvent justifiée –, qui se manifeste par la colère, particulièrement dans les cas de perte sévère. La personne qui l'éprouve est, d'une part, frustrée et furieuse de n'avoir pas plus d'emprise sur le cours cruel et inexplicable de la destinée et, d'autre part, refait plus ou moins un retour à l'époque de la formation de son moi, où elle éprouvait de la colère envers les figures d'attachement qui «l'abandonnaient». La perte actuelle réactive obscurément et profondément cette ancienne expérience et confronte la personne à sa propre finitude. Dans ce sens, la colère serait une conversion, une extériorisation du sentiment d'angoisse, et elle est fréquemment dirigée contre la maladie, la mort ou le destin, mais aussi contre soi ou la personne défunte. La colère contre soi, très perturbante, peut être dirigée vers autrui et, dans ce cas, elle constitue une projection. Elle est un déplacement lorsqu'elle s'exprime à l'égard du médecin ou du personnel soignant, par exemple, au lieu d'être dirigée vers l'être perdu, ce qui serait culpabilisant. La projection ou le déplacement sont des mécanismes de défense par lesquels le sujet rejette sur autrui un sentiment insupportable ou trop douloureux, en l'occurrence la colère. Celle-ci est potentiellement une source de complication du deuil (persistance ou exagération), mais ce n'est certes pas une réaction que l'on doive réprouver ni réprimer dans un premier temps, car elle est saine dans sa dimension instinctive et spontanée, et il est possible de la rationaliser, d'en explorer les diverses composantes et de la convertir ensuite en réactions mieux appropriées. En général, c'est ce qui se passe de façon naturelle chez les endeuillés quand la colère s'estompe et fait place au chagrin. Néanmoins, certaines circonstances de décès soulèvent une colère qui prendra beaucoup de temps à se dissiper.

Il arrive qu'on se culpabilise d'éprouver de la colère. C'est le cas notamment de l'endeuillé qui la dirige vers le disparu ou encore de la personne très croyante qui l'exprime à l'endroit de Dieu. Je me souviens d'une nuit où un patient gravement malade et fervent croyant me confiait son tourment — les mourants font leurs propres deuils et ressentent eux aussi de la colère. Il remettait sa foi en question et s'en prenait à Dieu. Ses mains étaient crispées sur la Bible refermée. Ses pensées le torturaient et il aspirait au calme intérieur. Je lui proposai d'appeler un aumônier à qui il pourrait confier son problème, mais il me fit comprendre que c'est avec moi qu'il voulait en parler. Je me souvins alors d'une parole d'Elisabeth Kübler-Ross et lui dis à peu près ceci : «Je crois comprendre ce que vous ressentez. Dieu a toujours été présent en vous. Vous lui avez toujours confié vos joies et vos peines. Vous l'avez souvent consulté et remercié. Aujourd'hui, vous lui dites intérieurement que vous n'acceptez pas votre état et que vous n'en pouvez plus, n'est-ce pas? J'ignore si j'ai raison, mais je pense que Dieu comprend votre révolte et ne peut pas vous la reprocher.» Il me sourit en me pressant la main, ses traits se détendirent, il plaça la Bible près de son oreiller. Quelques minutes plus tard, il dormait paisiblement.

En tant qu'être humain solidaire et présent à la souffrance de l'autre, il est possible de permettre et d'accepter la réaction de colère si fréquemment inhérente au chagrin, et ainsi d'apaiser, de déculpabiliser la personne qui l'éprouve.

L'anxiété, l'angoisse

En psychologie, le mot «angoisse» décrit un état de crainte diffuse, de peur irrationnelle, un sentiment d'insécurité, une sensation de malaise. En philosophie, on parle d'inquiétude métaphysique née de la réflexion sur l'existence.

Dans l'expérience du deuil, ces deux aspects de l'angoisse sont confondus dans un même malaise profond.

Les mots «angoisse» et «anxiété» sont souvent utilisés comme synonymes. Certains praticiens, particulièrement en psychiatrie, distinguent l'anxiété (phénomène psychique) de l'angoisse (phénomène physique). D'autres auteurs pensent que ces distinctions sont superficielles et qu'il n'y a pas de différence dans la pratique. Il est hors de propos de s'attarder ici à ces considérations et je retiendrai le mot «anxiété» pour des raisons de clarté.

Selon les écoles de pensée, l'anxiété serait une réaction conditionnée de crainte, une tendance acquise lors des anciennes confrontations à un danger réel ou non (théorie de l'apprentissage) ou une réponse de l'individu aux interdits du sur-moi et aux frustrations de la libido (psychanalyse). Parmi les causes immédiates d'anxiété dans le deuil, on peut retenir les suivantes : un conflit intérieur (par exemple l'agressivité réprimée ou un sentiment d'ambivalence) et la perte d'amour (séparation, rejet, désapprobation de la personne chère, qui réactivent un ancien sentiment d'abandon)[1] ainsi que la peur de ne pas être capable de surmonter la crise, de perdre pied. De manière générale, l'anxiété se caractérise par un sentiment d'insécurité, de trouble diffus, un malaise profond déterminé par l'impression d'une menace vague et imminente devant laquelle on reste désarmé et impuissant. Cela peut aller de la sensation légère d'insécurité à un sentiment de panique plus accentué. Il s'agit d'une réaction normale et même essentielle au développement et au bon fonctionnement de la personne. Ce n'est que lorsque l'individu ne peut effectuer l'adaptation aux situations sévères de crise que l'anxiété devient problématique et se transforme en névrose ou en psychose. Dans l'expérience de deuil, elle inquiète souvent les endeuillés, car elle a des effets désorganisateurs, tant sur le plan de la pensée que sur le plan de l'affectivité, et s'accompagne de modifications physiologiques ou neurovégétatives : sensations de resserrement épigastrique ou laryngé (vide abdominal, déglutition difficile, crispation de l'estomac), sueurs, palpitations, vision brouillée, tremblements, diarrhée. Ces manifestations somatiques

1. Voir «Renoncements et dynamique de deuil».

s'estompent habituellement dans les quelques semaines qui suivent la perte. Dans le cas de symptômes plus accentués ou persistants, une médication d'appoint peut soulager la personne et éviter que son état ne s'aggrave. Les symptômes physiques sont étroitement liés à l'anxiété et constituent pour de nombreuses personnes la seule expression de deuil. Ils seront énumérés plus loin.

La culpabilité

«Si seulement je l'avais écouté quand il me parlait de ses problèmes», «Je n'ai pas tout fait pour la sauver», «Ce sont mes agissements qui l'ont rendue malade, je ne l'ai pas assez aimée», «J'aurais dû faire ceci ou cela, je n'aurais pas dû...», «Je n'ai pas été assez forte, j'étais trop impatiente, je lui en demandais trop», «J'aurais dû être avec elle à l'instant de sa mort», etc. Ces pensées et tant d'autres similaires sont fréquentes chez les endeuillés. La plupart du temps irrationnelles, elles s'atténuent avec le temps et font place à une perception plus réaliste de la situation dans le processus de réconciliation avec les circonstances du décès. Sur le moment, elles constituent un moyen inconscient de tenter de rationaliser et d'expliquer les causes du décès, ainsi qu'une façon de retourner la colère ou l'hostilité, légitime mais troublante, contre soi-même plutôt que de l'exprimer envers le défunt ou toute autre personne (projection et déplacement). Toutefois, l'exagération de tels sentiments peut mener, dans les cas plus graves, à une forme d'autopunition, voire d'autodestruction déguisée ou réelle. Il est donc important de pouvoir en parler avec une personne disponible, à l'écoute et déculpabilisante.

Le ressentiment

Le ressentiment peut être légitime et rationnel lorsqu'il est dirigé vers la personne tenue pour responsable de la mort, en cas d'accident par exemple. Exprimé à l'égard du défunt, ce sentiment est parfois totalement irrationnel : «Tu n'avais pas le droit de me laisser seule maintenant, tu aurais dû faire en sorte que cela n'arrive pas, je t'en veux d'être tombé malade», etc.

Il y a cependant des situations où l'endeuillé a des raisons légitimes et rationnelles d'éprouver des sentiments de rancune ou de haine à l'endroit du disparu, par exemple si celui-ci était un père incestueux, un mari violent, une mère dominatrice, quelqu'un qui a tenu longtemps le survivant en état d'asservissement ou encore qui l'a spolié d'un héritage. Dans ces cas, même si le ressentiment est foncièrement justifié, il peut être extrêmement culpabilisant pour l'endeuillé et, par ailleurs, garder une place envahissante dans le souvenir sans aucun espoir de rattrapage. Le deuil sera plus ardu et même parfois jamais résolu tant qu'une forme de pardon n'aura pas été effectuée, tâche particulièrement douloureuse et longue.

L'insécurité

Beaucoup d'endeuillés ressentent divers degrés d'insécurité sur plusieurs plans (physique, affectif, psychologique et matériel). L'insécurité peut aller d'une légère inquiétude diffuse et vite maîtrisée jusqu'à une forme d'anxiété plus douloureuse. Elle ébranle et déstabilise la personne qui en souffre. Le soutien d'un entourage empathique et patient, l'aide matérielle et pratique, l'existence de sources stables de valorisation, d'affection et d'intérêts aident grandement les endeuillés à surmonter leur sentiment d'insécurité.

Le sentiment d'incompétence

Il s'agit d'un sentiment diffus d'impuissance et d'incapacité lié à l'insécurité dans ses dimensions pratiques et matérielles lorsque l'endeuillé subit une réelle privation de soutien et d'aide dans sa vie journalière et qu'il se sent dépassé par les événements, incapable d'assumer les tâches routinières. Sur le plan psychologique, ce sentiment prend une importance particulière quand il s'accentue jusqu'à devenir un sentiment d'incomplétude et d'autodépréciation plus ou moins profond et prolongé.

L'engourdissement émotif

Face au déferlement d'émotions ressenties au moment de la perte, il n'est pas rare que le survivant fasse l'expérience d'un sentiment de torpeur, d'indifférence apparente. Ce sentiment n'exclut pas les manifestations de chagrin; il s'agit d'une sorte d'engourdissement passager qui protège contre une douleur insupportable. Sous l'impact du choc, la personne oppose en quelque sorte une réponse anesthésiante. C'est en soi une réaction de chagrin. Néanmoins, la persistence et l'ampleur de cette réaction sont révélatrices d'un blocage émotif plus grave. Soulignons à ce sujet que l'absence de toute manifestation émotionnelle de chagrin dans les deux semaines environ qui suivent le décès est généralement considérée comme un indice de deuil compliqué.

L'obsession, le désir de la personne disparue

Il s'agit de l'aspiration diffuse à retrouver l'objet d'attachement perdu, qui s'accompagne souvent de la sensation de sa présence physique. Cette attente irrationnelle en soi peut être ressentie fortement au début du deuil et s'accompagner d'une certaine langueur ou mélancolie. Psychologiquement, on peut expliquer cette réaction comme une tentative de réappropriation de l'être absent, une façon inconsciente pour l'endeuillé de rendre la coupure des liens plus confortable. C'est une réponse normale qui persiste pendant un certain temps et qui fait partie du processus progressif de détachement et de développement d'une nouvelle relation avec le disparu. Au cours de la résolution du deuil, ce désir de l'objet perdu fait place peu à peu à une présence intérieure rattachée au souvenir.

L'isolement

Le sentiment d'isolement affecte particulièrement les gens qui entretenaient une relation étroite et continue, ou quasi exclusive avec le disparu, et qui se trouvent à sa mort privés d'un entourage immédiat. C'est le cas de nombreux conjoints âgés.

Le soulagement

Ce n'est pas un sentiment inhabituel, principalement lorsque la personne décédée souffrait d'une longue maladie dégénératrice, mutilante, ou particulièrement douloureuse, dépersonnalisante ou avilissante. Ce sentiment n'exclut pas le chagrin. La cessation de longs tourments endurés par les protagonistes (disparu et survivants) peut faciliter le travail de deuil.

Le soulagement prend parfois la forme de la libération ou de l'émancipation quand la mort affranchit le survivant d'un long et pénible asservissement. C'est le cas par exemple d'un conjoint mal aimé, opprimé ou battu, d'un enfant assujetti à l'autorité despotique d'un parent, ou de toute personne maintenue par des liens tyranniques, subtils ou non, sous l'emprise du défunt. Dans ces situations, le soulagement éprouvé peut s'accompagner de sentiments d'ambivalence douloureux et embarrassants dans le travail de deuil.

Le sentiment d'ambivalence

Il n'est pas question ici du tiraillement d'indécision ressenti devant plusieurs alternatives et de l'hésitation à faire un choix, que ce soit dans le quotidien ou dans les grandes occasions. Il s'agit de sentiments opposés, superposés l'un à l'autre, par exemple : «C'est le meilleur père que je pourrais souhaiter... non ce n'est pas vrai, parfois je voudrais le tuer.» Aussitôt ressenti, le sentiment d'amour est remplacé par celui de haine. Les sentiments d'ambivalence ont une lointaine origine dans le développement normal de l'enfant et ressurgissent dans toutes sortes de situations de la vie, particulièrement à la suite d'une perte sévère.

Toute relation est empreinte, à certains moments et de façon plus ou moins marquée, d'états d'hostilité, de frustration, de ressentiment ou d'envie à l'égard de l'autre, même si on le chérit profondément. Ces sentiments peuvent avoir existé à divers degrés durant toute la relation. Parfois, une forme subtile de domination ou de dépendance en constituait le pivot central; le survivant était maintenu dans une forme de soumission et il pensait que seule la mort de la figure dominante pouvait le libérer. Dans un tel cas, au cours du deuil, ce n'est pas le soulagement clair et net qui domine, mais plutôt la coexistence, la simultanéité de sentiments d'amour et de haine. Le conflit est ancien, profond et déchirant. Il s'agit d'un cas extrême. Dans des situations moins dramatiques, les endeuillés ressentent et manifestent fréquemment, plus ou moins consciemment, une forme ou une autre de sentiment d'ambivalence, soit lors du décès, soit plus tard dans le deuil. Par exemple :

- l'amour et le ressentiment,
- la peine et le soulagement,
- la privation et la libération,
- l'insécurité affective et l'aisance financière,
- l'accusation et l'auto-accusation,
- le besoin de dépendance et le sentiment d'émancipation,
- l'idéalisation soudaine du défunt,
- la colère exprimée à l'égard du défunt et l'interdit qui la censure.

Les sentiments d'ambivalence ne sont ni anormaux, ni monstrueux, mais ils sont profondément troublants et souvent culpabilisants pour l'endeuillé. Il est donc capital que celui-ci se dégage du fardeau de confusion et de culpabilité qui l'écrase en clarifiant et en verbalisant ses sentiments. C'est une démarche qui se fait difficilement seul et la présence de personnes aidantes est particulièrement importante.

LES MANIFESTATIONS COGNITIVES

Le choc

L'état de choc découle de la confrontation du survivant à la réalité de la perte. La reconnaissance intellectuelle du caractère irréversible de cette réalité n'est pas encore assimilée et précède toute autre manifestation de chagrin, car dans l'instant qui suit le décès, le survivant est sous l'emprise d'une émotion brutale globale. Ce n'est qu'après les premiers moments de choc passés que les émotions, jusqu'alors télescopées dans une même sensation de stupeur, émergent : incrédulité, révolte, souffrance, désespoir, etc.

Le choc est plus aigu dans des circonstances de mort violente ou inattendue. Cependant, même lorsqu'elle était prévue, après une longue maladie par exemple, l'instant de la séparation définitive peut entraîner un effet semblable. Il n'est pas rare de voir le survivant s'attarder à parler au défunt, à le toucher ou à le secouer, dans une ultime et vaine tentative de prolonger la communication de quelques instants, dans un impérieux besoin de prononcer les paroles ultimes et de maintenir les derniers contacts physiques.

Même si elle provoque un violent choc émotif, la confrontation à la réalité tangible de la mort d'un être cher est un préalable important dans le bon déroulement du processus de deuil. Il est notoire que les endeuillés qui n'ont pas vu leurs morts ont davantage de difficulté à intégrer la perte. Dans les cas les plus graves, cette situation peut mener à une forme d'espoir totalement irrationnel ou de croyances erronées plus ou moins durables (voir «L'incrédulité»).

Dans certaines circonstances, l'état de choc peut se traduire chez les individus très sensibles par une grande agitation, des bouffées de chaleur, un évanouissement et même la catatonie.

L'incrédulité

Le refus de croire à la réalité constitue souvent un prolongement de l'état de choc éprouvé à l'annonce du décès, surtout si la mort survient de manière subite ou violente (crise cardiaque, suicide, meurtre, accident). Normale et passagère dans de nombreuses circonstances de décès, la réaction d'incrédulité est parfois renforcée par l'impossibilité psychologique ou matérielle de voir le mort et conduit dans des cas extrêmes à une sorte de pensée magique selon laquelle la personne disparue n'est pas «vraiment» morte. L'incrédulité se transforme alors en un déni grave et envahissant qui empêche le survivant de faire véritablement son deuil.

La réaction d'incrédulité et de déni, ainsi que l'état de confusion qu'elle risque d'entraîner, ne sont pas le privilège des adultes. Il faut souligner la grande difficulté d'intégrer la perte définitive chez le très jeune enfant, qui ne comprend pas le sens véritable de la mort, ou même chez l'enfant plus âgé ou l'adolescent que l'on a surprotégé et tenu à l'écart des circonstances de décès et des rituels de deuil sous prétexte qu'il est trop jeune pour comprendre la situation ou subir l'épreuve. Confusément, l'enfant peut se sentir victime d'un complot et percevoir la situation comme une affaire secrète et mauvaise dont il ne faut pas parler et qui ne le concerne pas. Pourtant, il se sent profondément engagé dans la situation et par surcroît privé d'éléments importants de son deuil. Il n'est pas rare qu'un adulte ayant des problèmes psychosomatiques ou comportementaux découvre en thérapie que ceux-ci sont reliés dans une certaine mesure à d'anciens deuils «manqués» durant son enfance.

La confusion

Plusieurs endeuillés récents font l'expérience d'états variables de confusion traduits par des troubles de perception et d'idéation, des défaillances de la mémoire et une concentration difficile, ainsi qu'une désorientation spatio-temporelle. Il ne s'agit pas ici du syndrome psychiatrique de confusion mentale caractérisé par l'ampleur et la persistance de ces manifestations, mais bien d'un état de confusion modéré, passager, normal au début du deuil. Tout symptôme grave devrait être traité par un spécialiste.

La présence du défunt

C'est la contrepartie cognitive de la quête de l'objet perdu. La préoccupation constante au sujet du défunt et le souhait irrationnel de le réapproprier se manifestent de façon concrète dans le quotidien de l'endeuillé qui continue, surtout au début du deuil, de parler au disparu, de sentir sa présence, de lui réserver une place à table, au lit, et de solliciter son aide et son avis, etc. Il s'agit de réactions normales nullement révélatrices de trouble mental et qui s'estompent graduellement en se mutant en présence intérieure avec le temps.

Les hallucinations

La «présence» du défunt se traduit parfois par de réelles hallucinations visuelles et auditives, lesquelles ne sont ni rares ni anormales au cours des premières semaines suivant la perte de l'être cher. Cependant, ces phénomènes sont source d'anxiété, car ils sont généralement considérés comme anormaux par la société et peuvent amener l'endeuillé à douter de sa raison ou à croire à la présence de l'esprit des morts. Sur le plan cognitif, il s'agit là encore d'une réponse psychologique qui a pour but de rendre plus supportable à l'endeuillé la soudaine absence du défunt et de lui faciliter la rupture définitive des nombreux liens qui le rattachaient à lui, particulièrement si la mort a été subite.

Les hallucinations disparaissent normalement au bout de quelque temps.

La solitude

La solitude est certainement l'un des plus graves problèmes vécus par les endeuillés qui avaient une relation étroite journalière avec la personne défunte. Dans notre société, la solitude est ressentie d'une façon particulièrement douloureuse par les veuves sous des formes plus ou moins subtiles et spécifiques de leur vie quotidienne : absence de la source réceptrice ou dispensatrice de contact humain, d'amour, de soins, d'affection ou de valorisation; perte de la source majeure d'identité et atteinte à l'image de soi; perte de l'aide et du soutien dans les tâches quotidiennes; difficulté de partager les idées, les intérêts, les expériences comme c'était le cas avec le défunt; aliénation et désengagement du statut ou du style de vie précédent et rupture des relations sociales, etc. Il est intéressant de constater que le veuvage semble moins affecter et désorganiser l'identité chez les femmes de classe moyenne, lesquelles ont consacré moins de temps, d'énergie et de ressources à bâtir un monde en fonction et avec l'aide du mari, développant ainsi une plus grande autonomie. Par contre, les femmes d'une classe plus aisée qui avaient une relation plus centrée sur la carrière de leur conjoint semblent être davantage désorientées et désorganisées par sa perte, même si en principe elles possèdent davantage de ressources pour reconstruire leur vie.

Enfin, on remarque souvent que, en général, malgré les divers problèmes sociaux soulevés par le veuvage, et après avoir traversé une période difficile, les femmes s'adaptent au changement de statut et développent même une nouvelle existence plus indépendante, plus libre et plus active de laquelle elles retirent beaucoup plus de satisfaction que lorsqu'elles vivaient avec leurs conjoints.

Les veufs sont, en général, moins à l'aise avec l'expression directe du chagrin et cherchent davantage de justification rationnelle à leurs pensées et à leurs sensations. La plupart se disent ou se veulent plus réalistes et en situation de contrôle. L'incapacité ou la réticence à exprimer leur chagrin va de pair avec une tendance à «tourner la page» rapidement et à remplacer promptement l'objet d'attachement disparu, ce qui entraîne parfois des répercussions tardives sur le plan affectif ou somatique. Cependant, les observations courantes démontrent que, habituellement, les hommes surmontent mieux leur deuil lorsqu'ils se remarient.

Bien entendu, les circonstances du veuvage diffèrent selon divers facteurs socioculturels.

LES SENSATIONS PHYSIQUES

Les sensations physiques découlant de la réaction à la perte de l'être cher sont variables en nombre et en intensité selon les circonstances du décès, la constitution de l'endeuillé, son âge, son état de santé général et sa culture. Les symptômes physiques les plus fréquents au moment de l'annonce ou du constat du décès sont les suivants :

- bouche sèche,
- déglutition difficile,
- serrement dans la gorge ou la poitrine,
- crispation de la région épigastrique,
- vide abdominal.

Certains font l'expérience de :

- bouffées de chaleur,
- sudation soudaine et exagérée,
- palpitations,
- vision brouillée,
- tremblements.

D'autres troubles somatiques se manifestent au début du deuil, une fois le choc passé :

- perte d'appétit,
- altération du goût,
- troubles digestifs,
- diarrhée,
- hypersensibilité au bruit,
- céphalées,
- tension ou faiblesse musculaire,
- manque d'énergie,
- hypertension.

Quelques-unes de ces réactions somatiques disparaissent rapidement, tandis que d'autres s'estompent dans les quelques jours ou quelques semaines qui suivent la perte. L'âge et l'état de santé général sont à prendre en considération. Les endeuillés souffrant d'une maladie risquent de voir leur état s'aggraver et devraient consulter un médecin en lui signalant la perte sévère qu'ils viennent de subir.

Les maladies cardiovasculaires en particulier sont celles qui se manifestent le plus souvent dans la première année suivant la perte. Il est donc important de prendre au sérieux tout phénomène relatif à ces affections. Soulignons que les symptômes physiques du deuil sont très importants. Dans une majorité de cas, ils constituent le seul mode d'expression du deuil, en fonction de plusieurs paramètres ethniques ou socioculturels. Ils doivent tous être pris au sérieux selon divers variables : leur nature, leur ampleur, leur persistance ainsi que la situation spécifique de deuil et la personnalité de l'endeuillé.

LES COMPORTEMENTS

Les pleurs

Pleurer constitue une réaction à la fois physiologique et psychologique. Certaines études ont été entreprises afin de démontrer de quelle façon les larmes contribuent au soulagement du stress émotif. Quoi qu'il en soit de la nature et de l'effet des larmes, il est depuis longtemps admis que pleurer en cas de chagrin est une réaction normale qu'il n'est pas bon de réprimer. Cependant, il faut accepter que certaines personnes pleurent moins que d'autres et cela ne signifie pas que leur chagrin soit moindre.

Le soupir

Le soupir est considéré ici comme une manifestation, plus ou moins bruyante, de la réaction d'essoufflement (plus physique) qui vise à rétablir le rythme respiratoire et à exprimer ouvertement l'émotion.

La lamentation et la verbalisation

La lamentation et la verbalisation souvent abondante de sentiments divers permettent à l'endeuillé d'exprimer ouvertement et publiquement sa peine et sa pensée. Bien que ces réactions soient pénibles à supporter, l'entourage ne devrait pas chercher à les étouffer. Dans certaines cultures, elles sont même encouragées et facilitées par les rituels de deuil traditionnels.

Le sommeil perturbé

Il s'agit d'altérations des habitudes et de la nature du sommeil : changement d'horaires, difficulté à s'endormir, sommeil écourté ou ponctué de périodes d'éveil brusques. Ces désordres ont des origines diverses : la fatigue, la tension, l'anxiété, l'alimentation, le bouleversement de la routine, etc. Chez les conjoints, ils peuvent s'expliquer tout simplement par l'absence du corps familier. Parfois le sommeil perturbé révèle la peur consciente d'être seul pendant la nuit, ou la peur inconsciente de rêver, de s'endormir ou de ne pas se réveiller. Normalement, le rythme habituel est peu à peu retrouvé.

Les rêves et les cauchemars

Il est fréquent au début du deuil que la personne disparue figure dans les rêves et les cauchemars sous une représentation ou une autre : à une période précise de sa vie; dans des situations spécifiques particulièrement significatives; dans un état différent de celui où elle était au moment de sa mort; telle une présence «venue de l'au-delà». Les rêves et les cauchemars peuvent aussi être exempts de l'image du défunt, mais présenter des symboles rattachés à la mort ou aux tourments consécutifs à la perte. Les rêves renferment souvent des indices symboliques qui aident plus ou moins consciemment le survivant à se situer et à cheminer dans son travail de deuil.

Les habitudes alimentaires

La désorganisation des habitudes alimentaires est une expérience commune à beaucoup d'endeuillés. La perte d'appétit, le manque de plaisir ou de motivation à manger seul constituent quelques-unes des réactions les plus courantes du début du deuil. Il est alors inutile de forcer l'appareil digestif à ingérer une nourriture qu'il ne peut assimiler. Toutefois, les aliments simples, à haute teneur nutritive et faciles à digérer sont recommandés, ne serait-ce qu'en petites quantités, afin de reprendre des forces. La persistance du désordre alimentaire ainsi que la boulimie ou l'anorexie, révélatrices d'un trouble plus profond, sont des indices de deuil compliqué et devraient être traitées médicalement.

Le fonctionnement automatique

Ce comportement est fréquent chez les endeuillés qui ont subi un traumatisme violent ou qui sont privés d'une relation journalière étroite avec le disparu. L'état de choc se poursuit et le fonctionnement psychologique est en partie «gelé». La personne ressent un vague état de dépersonnalisation, se sent «ailleurs» et se laisse mener par les événements sans pouvoir choisir, réfléchir ni prendre de décisions. Elle accomplit les tâches routinières comme un robot. Sous une forme modérée, ce comportement est normal au début du deuil.

La distraction

Les nouveaux endeuillés font souvent l'expérience d'une période de distractions, d'inattentions ou d'oublis. Cet état risque de les amener à faire des gestes inconsidérés et préjudiciables : manquer des rendez-vous importants, oublier des choses pratiques essentielles, ne pas remplir dans les délais les formalités relatives aux assurances ou à la succession, ou encore ne pas observer une ordonnance médicale. Les visites régulières et l'assistance pratique d'un proche aident l'endeuillé à éviter les complications.

La recherche du disparu

La quête de l'objet d'attachement perdu se manifeste parfois sur le plan comportemental par des appels vocaux, des «conversations» avec le disparu, ou encore par l'accomplissement de gestes routiniers antérieurement exécutés en fonction de lui. On note aussi une tendance prononcée à parler abondamment du défunt et des circonstances de son décès. Ces comportements révèlent simplement que les liens qui rattachaient le survivant au disparu prennent du temps à se couper, et il n'y a pas lieu de s'en inquiéter au début du deuil.

L'identification ou l'introjection

Dans ce cas, au lieu de se séparer, l'endeuillé s'identifie de façon fusionnelle au défunt, copie sa manière de parler, de penser ou d'agir. Parfois, l'identification peut aller jusqu'à la poursuite d'activités semblables à celles du disparu. Ce comportement constitue une autre façon inconsciente de ramener le défunt tout près et n'est pas anormal en début de deuil. Toutefois, s'il se manifeste exagérément et s'installe dans la personnalité de l'endeuillé, c'est un indice de deuil compliqué signifiant que le détachement s'effectue mal ou que la séparation est refusée.

L'hyperactivité

L'état d'agitation intérieure se traduit par une suractivité mentale ou physique, une tendance à ne pas rester en place, une sorte de bougeotte sans but précis qui s'accompagnent d'un repos difficile. Chez certains endeuillés, ce comportement s'accentue au point d'annihiler les émotions, par exemple par la fuite dans le travail ou les voyages.

L'apathie

D'autres endeuillés combattent le stress émotionnel par l'indolence ou le manque d'entrain. À force de volonté et d'efforts, ils se cramponnent aux activités routinières et tentent de coordonner et d'harmoniser leurs gestes. Cependant, les activités signifiantes autrefois exercées avec le défunt perdent tout intérêt. Ils tournent en rond sous l'emprise d'un engourdissement émotif, du vide ou de l'ennui causé par l'absence. Habituellement, la vie «reprend le dessus» et tout rentre dans l'ordre après quelques jours ou quelques semaines.

La dilution des types de conduite

De manière générale, il s'agit de la manifestation, sur le plan comportemental, des effets de la confusion ou de la désorganisation. Sans être hyperactif ou apathique, l'endeuillé fait l'expérience d'un changement plus ou moins vague et confus de ses habitudes; il cherche un sens et une signification aux aspects d'une existence nouvelle, en même temps qu'il tente de s'adapter à de nouveaux rôles.

Le retrait social

Le phénomène d'engourdissement ou d'insensibilité provoqué par le choc émotif amène souvent le survivant à se couper du monde extérieur pendant un certain temps. Sa sociabilité diminue, il se replie sur lui-même, refuse de sortir et de voir des amis. Parallèlement, il peut éprouver un besoin morose de ressasser les événements entourant la perte. Ce comportement est plus marqué chez les individus très dépendants ou naturellement portés à vivre en retrait de la société, mais c'est, dans son ensemble, une réponse normale au début du deuil. Il aide l'endeuillé à faire le tri de ses émotions, à reconnaître et à vivre chaque aspect de l'absence et à élaborer la présence intérieure du disparu. Il est fréquent, et regrettable, que les proches de l'endeuillé se sentent incommodés par cette retraite nécessaire et qu'ils le poussent rapidement à sortir.

L'évitement

L'évitement est un moyen de défense qui consiste à faire disparaître tout ce qui, sous une forme ou une autre, rappelle le disparu ou les circonstances de sa maladie et de sa mort, afin d'éviter une souffrance trop aiguë. L'évitement pousse l'endeuillé à se débarrasser rapidement de tous les objets associés au défunt et même à tout faire pour ne pas se trouver confronté à la réalité de la perte : faire un détour pour ne pas revoir les lieux de l'accident ou l'hôpital ou eut lieu le décès; ne pas aller au cimetière; ne pas parler du défunt ou éviter de prononcer son nom; effectuer des changements rapides et radicaux dans le décor ou l'aménagement de la résidence; ou encore se remarier, déménager, vendre la maison, en un mot, s'éloigner le plus rapidement possible de tout ce qui rappelle le disparu. Cette réaction extrême n'est pas salutaire à l'endeuillé, car elle entraîne un deuil long et compliqué et risque même de s'accentuer jusqu'à devenir une névrose phobique. Toutefois, sous une forme passagère et modérée, le comportement d'évitement en début de deuil est considéré comme normal.

L'attachement aux symboles du disparu

Ce comportement situé à l'opposé de l'évitement se traduit par une sorte de fixation maniaque sur tout ce qui rappelle le disparu : visites, rappels, lieux, objets, souvenirs, etc. C'est en quelque sorte la manifestation de la peur inconsciente d'oublier la personne décédée, du besoin de se la réapproprier qui découlent de la même difficulté à couper les liens. Considérée comme normale au début du deuil, cette réaction s'estompe graduellement et fait place à une élaboration du souvenir qui exclut la manie névrotique.

L'hostilité

Les sentiments de révolte et de colère éprouvés à la perte se traduisent souvent sur le plan comportemental par divers états plus ou moins marqués d'impatience, d'irritabilité ou d'agressivité. Sous forme modérée et passagère, il s'agit d'un exutoire normal à la douleur causée par la perte, mais cette réaction bouleverse à la fois l'entourage et l'endeuillé lui-même qui ne se reconnaît plus dans ses agissements. Cependant, lorsqu'il atteint le stade grave et prolongé de violence verbale ou physique, ce comportement devient sérieusement problématique et devrait être traité rapidement.

L'amplification de la libido

Diverses études ont révélé une fréquence importante chez certains endeuillés d'une phase dite hypomaniaque au cours de laquelle ils ressentent une amplification des pulsions libidinales. Fortement rattaché au désir de la personne disparue et à la difficulté de briser les liens, ce comportement peut être très troublant et culpabilisant, en particulier chez les veuves.

D'autres réactions

Parmi les réactions au deuil, il faut aussi mentionner la consommation ou surconsommation d'alcool ou de drogue qui, sans être habituelles ou considérées comme normales au sens propre du terme, peuvent survenir de façon fugace dans un deuil normal sans révéler nécessairement des troubles majeurs.

Monsieur A., qui vient de perdre sa femme et qui a deux jeunes enfants à sa charge, demande de l'aide pour mieux comprendre ce qui lui arrive. De tempérament calme, habituellement affectueux et pondéré avec les enfants, il s'emporte vite et devient irritable depuis le décès, et cela le rend très malheureux. Sa relation avec son épouse et ses enfants était bonne; il est responsable, jeune, en bonne santé et à l'aise financièrement, ce qui est un atout majeur pour le bien-être physique et matériel de ses enfants. Pour compenser l'absence de la mère, il passe beaucoup de temps avec eux et se fait aider par des parentes et amies. Malgré sa réelle affection, il est souvent impatient et agressif à leur endroit. Bref, il ne se reconnaît plus. En cours d'entrevue, il pleure et avoue piteusement qu'il lui est arrivé à deux ou trois reprises de se soûler et d'invectiver vertement la défunte. Il est manifestement désarmé et cherche à se déculpabiliser et à être réconforté dans son épreuve. Les entrevues subséquentes confirmeront que, malgré les difficultés qui l'attendent, monsieur A. surmontera son deuil sans problème majeur. Donc, l'alcool n'aura été pour lui qu'un moyen temporaire d'anesthésier sa douleur.

Francine a 21 ans. Depuis le décès de sa mère trois mois plus tôt «tout est mêlé», dit-elle. Sa concentration dans ses études a faibli, ses notes ont chuté et elle est sur le point de décrocher. Sa relation avec son père et ses deux frères est tendue. Lorsqu'elle était adolescente il lui arrivait de «fumer un joint» de temps à autre. Il y a deux mois, après avoir bu beaucoup d'alcool, elle a essayé la «coke» et l'expérience s'est répétée deux fois. «Je ne veux pas me droguer, je veux reprendre mes études, fonctionner... je veux me tenir debout» dit-elle en sanglotant comme une enfant prise en faute. Tout son être crie sa douleur et sa détresse. Heureusement, Francine possède de solides valeurs et des ressources intérieures qui lui permettent de retrouver son équilibre. La drogue n'a comblé qu'un besoin momentané d'anesthésier sa peine.

Plusieurs autres modifications de comportement peuvent survenir et troubler les endeuillés par leur caractère exacerbé, incongru ou inhabituel. C'est le cas de l'impérieux besoin d'un rapport sexuel qui va jusqu'à l'acte, d'une tendance à l'absentéisme au travail (ce qui rejoint le retrait social), de la violence verbale ou physique, ou encore de la conduite automobile dangereuse, du défoulement par la griserie de la vitesse. Je me souviens d'un homme d'une cinquantaine d'années, père de famille respectable et posé, qui, sous l'emprise d'une émotion violente, prit le volant et roula à toute allure avant de se jeter dans un fossé. Heureusement pour lui et sa famille, il s'en tira indemme, mais les dégâts mécaniques furent importants. Lorsqu'il «reprit ses esprits», la seule explication qu'il put fournir sur son comportement, c'est qu'il avait agi hors de lui-même, sous le coup d'une impulsion subite et irrépressible.

Une autre des conséquences du stress important se manifeste chez quelques personnes et dans certaines circonstances par une forte propension aux accidents. Un film comique français mettant en vedette le comédien Pierre Richard exploite le thème de la prédisposition aux ennuis et mésaventures chez certains individus. Dans le cas qui nous occupe, cela n'a rien d'amusant et doit être pris au sérieux. C'est un fait reconnu et considéré attentivement par plusieurs employeurs que les travailleurs qui subissent une pression continuelle ou trop forte sont plus souvent victimes d'accidents que les autres. C'est la même chose pour les gens qui subissent un choc émotionnel important. L'engourdissement émotif, la distraction et le fonctionnement automatique (voir plus haut) peuvent s'accompagner d'une plus forte propension aux accidents, entraînant alors des perturbations et complications supplémentaires dans la désorganisation.

Toutes ces manifestations révèlent des aspects normaux du deuil et traduisent l'anxiété, la privation, la fatigue, la culpabilité et la souffrance consécutives à la perte ainsi que l'énorme difficulté à couper les liens et à vivre avec l'absence. Elles apparaissent donc nécessairement au cours des deux premières grandes phases du deuil, soit le choc et la désorganisation. Rappelons que ces réactions ne sont pas obligatoirement toutes ressenties, et qu'elles n'ont pas la même intensité pour tous les endeuillés. Elles dépendent de plusieurs facteurs décrits au chapitre suivant. Soulignons enfin que, habituellement, elles s'estompent graduellement et naturellement. En ce qui a trait à la phase de récupération ou guérison, nous pouvons d'ores et déjà dire qu'elle se caractérise par la diminution et la disparition des manifestations décrites plus haut. Nous aborderons cet aspect capital du deuil dans le chapitre sur la résolution.

TABLEAU 6

LES MANIFESTATIONS NORMALES DU DEUIL	
SENTIMENTS	Chagrin Colère. Révolte Anxiété Culpabilité Ressentiment Insécurité Sentiment d'incompétence Engourdissement émotif Préoccupation intense du défunt Isolement Soulagement Sentiments ambivalents
MANIFESTATIONS COGNITIVES	État de choc Incrédulité Confusion «Présence» du défunt Hallucinations visuelles et auditives Solitude
SENSATIONS PHYSIQUES	Assèchement ou crispation dans la région laryngée Serrement dans la poitrine Tension ou crispation dans la région épigastrique Vide abdominal Sudation Palpitations Bouffées de chaleur Vision brouillée Tremblements Altération du goût ou de l'appétit Troubles digestifs. Diarrhée Hypersensibilité au bruit Céphalées Tension ou faiblesse musculaire Adynamie Hypertension

TABLEAU 6 (suite)

LES MANIFESTATIONS NORMALES DU DEUIL	
COMPORTEMENTS	Pleurs. Soupirs. Lamentation. Verbalisation Perturbation du sommeil Rêves et cauchemars Perturbation des habitudes alimentaires Fonctionnement automatique Distractions Recherche du disparu Identification ou introjection Hyperactivité Apathie Dilution des types de conduite Retrait social Évitement ou attachement aux symboles du disparu Hostilité Amplification de la libido Propension aux accidents Propension à la toxicomanie

CHAPITRE

5

LES FACTEURS DÉTERMINANTS DU DEUIL

La souffrance d'être cesse d'être souffrance sitôt que l'on s'en forme une représentation nette et précise.

Spinoza

L'HÉRÉDITÉ ET L'ENVIRONNEMENT

Monsieur L. est un fringant «jeune homme» qui marche allègrement vers ses 80 ans. Il est encore dynamique et actif, poli et jovial. Ses revenus sont modestes. Certes, il se contente de peu, mais il ne souffre pas de privations. Il parle avec fierté et satisfaction des expériences vécues dans l'exercice de son métier. Pourtant, la vie ne l'a pas particulièrement choyé : il y a longtemps, il s'est séparé de sa femme, morte quelques années plus tard; puis son fils unique disparaît à 30 ans après une longue maladie dégénératrice et mutilante. Au cours des ans, monsieur L. a vu mourir presque tous ses parents et amis. Il ne lui reste qu'une nièce éloignée. Avec sa compagne, il passe les beaux week-ends de l'été dans une caravane installée à la campagne. Il en a acheté une nouvelle l'an dernier, car l'ancienne était trop petite. Depuis que je le connais, je ne l'ai jamais vu découragé ou de mauvaise humeur malgré les inconvénients de l'âge. Il ne se sent pas vieux et nous échangeons souvent des plaisanteries à ce sujet. Il ne se plaint jamais de son sort; au contraire, tout va toujours bien. Cependant, je ne l'ai jamais entendu dire qu'il était heureux. Ce mot ne semble pas faire partie de son vocabulaire. Il n'en a pas besoin pour exprimer sa joie de vivre. Monsieur L. prend la vie du bon côté, et tout porte à croire qu'il a toujours eu cette disposition d'esprit.

Il y a aussi l'opposé et nous connaissons tous des individus aigris et tristes qui ne tirent satisfaction de rien et se plaignent de tout, jeunes ou vieux. Ils sont en révolte perpétuelle et se traînent dans l'existence en prenant toujours la vie du mauvais côté. Pour eux aussi, il est probable que leur attitude ne soit pas récente. Certaines personnes ont tendance à subir les événements avec fatalisme et résignation; la vie n'est pour elles qu'un fardeau écrasant, un boulet qu'elles traînent péniblement, une suite d'épreuves insupportables contre lesquelles elles se sentent impuissantes. Elles semblent prédisposées au malheur. Par contre, dans des circonstances similaires, d'autres ne se laissent pas abattre et réagissent avec optimisme et détermination en cherchant à profiter des bons côtés de la vie plutôt que de n'en retenir que les mauvais. Quoi qu'il arrive, elles font contre mauvaise fortune bon cœur; elles semblent prédisposées au bonheur.

La plupart d'entre nous se situent probablement à un point quelconque entre ces deux pôles. Notre humeur fluctue en fonction des événements. D'une journée à l'autre et parfois même dans un court laps de temps, nous pouvons ressentir et manifester une gamme très étendue d'états intérieurs. Quelquefois, nous sommes à la position neutre, ni très heureux ni très malheureux. Notre humeur varie selon les situations, mais de façon générale ce sont nos dispositions naturelles ou acquises qui prédominent et nous permettent de nous adapter aux circonstances, et non pas celles-ci qui déterminent notre humeur. Nous sommes tous plus ou moins cyclothymiques et capables de nous adapter aux événements avec la mobilité, la sociabilité et le réalisme nécessaires.

À ce point-ci, je voudrais faire une remarque importante. Ce qui précède ne signifie pas qu'il suffit d'être optimiste et jovial pour éviter les déboires, les maladies ou les calamités, ou que les personnes qui se plaignent n'ont aucune raison de le faire. Je ne veux pas suggérer qu'il y a relation de cause à effet entre bonne humeur et absence de problèmes, d'une part, et entre humeur chagrine et problèmes, d'autre part. Ce serait trop simpliste et ne tiendrait pas compte des conditions de vie atroces d'un nombre considérable d'êtres humains, qu'elles soient le fait de l'hérédité, d'un accident, de l'environnement naturel ou d'un acte humain. Je pense en particulier aux maladies congénitales graves, aux accidents de la route, à la famine, à la guerre, à la torture ou à l'esclavage. Dans de telles conditions, ni le tempérament, ni la santé mentale, ni la prédisposition au malheur ne sont en cause et, de plus, les facultés de résistance et d'adaptation de l'individu sont sérieusement ébranlées, voire complètement sapées. Il peut en être ainsi dans toute crise grave.

Il n'en demeure pas moins qu'à circonstances égales chacun réagit différemment; de nombreuses personnes sont parvenues à se réaliser de façon satisfaisante malgré de graves déficiences, blessures, privations ou agressions de toutes sortes. On pourrait multiplier les exemples.

Je veux donc seulement faire ressortir le fait qu'il y a interrelation entre les circonstances et les réactions qu'elles suscitent chez l'individu. Chacun répond aux événements selon la nature et l'importance des causes environnantes et selon sa personnalité, laquelle est composée de nombreux éléments : la constitution physique, les facultés intellectuelles et psychologiques, le statut social et économique, l'état de santé, les dispositions de caractère, les croyances et les valeurs morales, les espoirs, les modèles et les apprentissages antérieurs, etc. Autrement dit, c'est la personne dans sa globalité qui réagit dans une circonstance donnée. L'équation suivante décrit bien une certaine conception du développement de la personne :

HÉRÉDITÉ X ENVIRONNEMENT = COMPORTEMENT

On peut également formuler ainsi l'interrelation entre ces éléments :

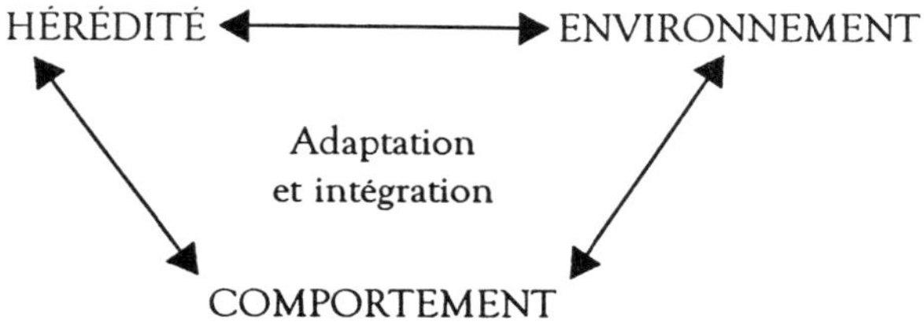

L'hérédité et l'environnement sont les circonstances prédéterminées dans lesquelles survient l'événement; mais l'individu a la possibilité d'agir sur cet événement ou d'y réagir en utilisant ses moyens d'adaptation; il a la faculté d'assimiler l'expérience vécue et de transformer chaque apprentissage en outil utile et adéquat pour toute expérience ultérieure. Toutefois, il est certain que cette latitude est plus grande et plus souple dans des conditions favorables.

Prenons l'exemple du bébé qui apprend à marcher. Ses os sont assez résistants pour supporter son poids, mais ses muscles ne sont pas encore suffisamment développés et il n'a pas encore expérimenté les multiples changements inhérents au passage de la position couchée ou assise à la position debout. Cependant, une pulsion vitale le pousse à effectuer l'apprentissage (hérédité, situation prédéterminée). Il voit d'autres individus qui se tiennent sur leurs pieds, sa mère lui tend les bras, le soutient et l'encourage. Il découvre des points d'appui et il ressent l'effet de la traction et de la tension dans ses muscles (environnement, causes subséquentes). Il tombe, se redresse, essaie de nouveau, se cogne et se reprend. Il ressent de la frustration lors des tentatives échouées, mais il sent qu'il peut parvenir au but; il veut poursuivre et recommence, en développant du même coup sa détermination (apprentissage, assimilation, comportement). Plutôt que de s'arrêter ou de s'attarder aux difficultés, aux chutes et à la frustration (fixation), il persiste en découvrant qu'à chaque essai il maîtrise un peu mieux la situation et acquiert de nouvelles connaissances. Vient enfin le jour où il expérimente avec joie et fierté qu'il peut se tenir debout et marcher seul. Tout au long du processus il a développé ses muscles et son équilibre ainsi que ses facultés d'adaptation grâce aux appuis physiques et au soutien affectif et psychologique (intégration, assimilation de chaque expérience, actualisation).

Cet autre exemple peut servir à établir un parallèle. On compare souvent la vie à un long voyage et l'on dit aussi que telle personne a du bagage en parlant de ses connaissances. Ces métaphores signifient qu'à chaque stade de son développement (chaque étape du voyage), l'individu puise dans ses expériences antérieures les éléments qui lui semblent utiles à son adaptation aux conjonctures et qu'il en acquiert sans cesse de nouveaux (cartes, tickets, accessoires, etc. dans notre exemple). Chaque étape du voyage, à partir de la première, influera sur la suivante dans un ordre irréversible et interdépendant. Ainsi, même si l'individu doit modifier son itinéraire en cours de route, c'est toujours en fonction de la poursuite du voyage et non d'un arrêt ou d'un retour au point de départ.

On peut dire que chaque apprentissage acquis constitue un tremplin, un pont, un outil qui aide l'individu à passer au stade suivant. Même lointains, les apprentissages sont toujours présents dans les bagages et disponibles à chaque étape de la vie. Au cours du développement de la personne, il y a intégration de chaque phase précédente dans la phase actuelle, puis dans la suivante, et ainsi de suite. Les problèmes importants ne surgissent que lorsqu'il y a blocage et fixation au lieu d'intégration et d'actualisation.

Ainsi, l'être humain se développe, entreprend le voyage de la vie avec un bagage personnel initial composé de l'hérédité et de l'environnement. Ce bagage peut sembler parfois bien pauvre au départ; il est pourtant riche de nombreux potentiels et contient tous les éléments de base. Dès le départ et durant tout le voyage, l'individu ne cessera de réagencer, de perfectionner, de renouveler ou de reconstituer son bagage personnel en fonction des circonstances et des besoins du moment.

L'ANTÉCÉDENT, LE PRÉSENT ET LE SUBSÉQUENT

Ce ne sont pas seulement les circonstances actuelles qui me font réagir à la situation présente, mais aussi les souvenirs, les leçons, les modèles et les apprentissages du passé. Mes antécédents, les espoirs, les attentes et les projets m'ont fait tel que je suis, de même que les gestes faits en fonction d'un devenir. Car je ne suis rien si je cesse de me projeter dans l'avenir de quelque façon que ce soit. Ce sont donc simultanément la situation du moment, mon passé et ma perception de l'avenir qui influencent, facilitent ou compliquent, colorent ou orientent mon présent et déterminent dans une large mesure mes réactions actuelles.

Le présent ne surgit pas du néant, pas plus qu'il n'est suspendu ou immobile. Il est rattaché à la fois au passé et au futur. En fait, il n'est que la transition continuelle entre les deux.

On voit dans ce schéma que ni le passé ni le futur ne sont inexistants par rapport au présent; le passé est préexistant, non effacé, et le futur est pressenti, en devenir.

La séquence n'est pas figée dans le temps, mais au contraire en perpétuel déplacement: le présent deviendra passé, le futur deviendra présent, et ainsi de suite. Il en va de même pour tous les moments de la vie, y compris les crises sévères. Si l'on considère le deuil en tant qu'événement, on voit qu'il y a interaction entre les expériences antérieures (le passé), les circonstances présentes (le décès) et la situation consécutive à la perte (les conséquences).

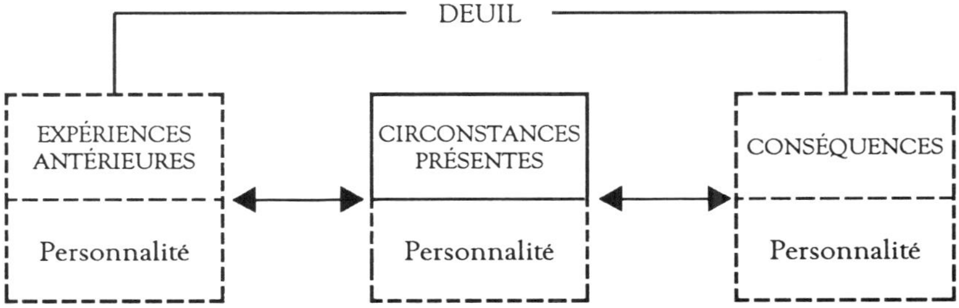

La mort d'un être cher est une crise profondément existentielle qui bouleverse plusieurs aspects de la vie de l'endeuillé et qui interpelle simultanément son passé, son présent et son avenir. Les facteurs déterminants du deuil sont donc eux aussi rattachés au passé, au présent et à l'avenir par rapport à la perte immédiate. C'est pourquoi ils sont regroupés sous trois grandes rubriques: l'antécédent, le présent et le subséquent.

L'antécédent

- Les expériences de séparation antérieures;
- Plus spécialement, les pertes de personnes liées affectivement;
- Le genre de mort à l'origine de ces pertes;
- Les confrontations à la réalité concrète de la mort;
- Les expériences de maladies ou de traumatismes, particulièrement les périodes dépressives;
- Les épreuves importantes, les phases critiques de la vie (séparation, divorce, perte matérielle, guerre, changement crucial de statut, etc.);

- La relation avec la personne défunte :
  - Type de relation,
  - Durée de la relation,
  - Qualité de la relation,
  - Présence et intensité des sentiments d'ambivalence,
  - Degré d'attachement, de confiance, de sécurité et d'engagement;
- Les croyances, les valeurs morales et spirituelles;
- Les modèles parentaux, familiaux, sociaux, sexuels ou autres (image de soi et du monde);
- Le type de réponse aux événements marquants.

Le présent

- L'âge;
- Le sexe;
- L'état de santé physique, mentale et psychologique;
- Les croyances, les valeurs morales et spirituelles;
- La nationalité et la culture;
- Le statut socio-économique;
- Le milieu familial ou affectif actuel;
- Le genre de mort ou les circonstances du décès :
  - Naturelle,
  - Accidentelle,
  - Suicide,
  - Meurtre,
  - Opportune (soulagement, délivrance),
  - Avec ou sans avertissement,
  - Avec ou sans préparation,

  - La nature de la maladie, le cas échéant, ayant causé la mort, ainsi que ses effets (brève ou longue, mutilante, avilissante, souffrante, etc.),
  - Mort à domicile ou en milieu hospitalier;
- La présence ou l'absence de soutien;
- La confrontation à la réalité de la perte;
- Les manifestations émotionnelles, l'expérience de chagrin;
- Le stress primaire consécutif à la perte;
- La désorganisation.

Le subséquent

- La confrontation à l'absence du disparu et la participation aux rituels du deuil;
- Le stress secondaire;
- La présence ou l'absence de support social et de soutien affectif;
- L'état de santé physique, mentale et psychologique;
- Le statut socio-économique;
- Les options nouvelles de vie, les différentes perspectives d'avenir.

Tous ces facteurs sont concomitants à la réaction globale de l'endeuillé. Ce sont eux qui caractérisent le déroulement du deuil, bien qu'ils aient une influence variable et que certains puissent être prédominants en raison de la place qu'ils occupent dans la vie ou la personnalité de l'endeuillé. Par exemple, une personne qui a été plusieurs fois confrontée à la mort de façon non traumatisante dans son jeune âge réagira différemment à la perte qu'une personne vivant cette épreuve pour la première fois. Au contraire, une personne qui a précédemment perdu un être cher dans des circonstances dramatiques vivra probablement son deuil actuel de façon plus aiguë ou douloureuse.

Nous voyons que certains des facteurs déterminants sont inhérents à la personnalité de l'endeuillé et que d'autres se rapportent au contexte même de la mort. Plusieurs ont une origine lointaine, tandis que d'autres ne se rapportent qu'à la situation actuelle. Enfin, certains facteurs peuvent avoir un effet cumulatif, par exemple : tendance dépressive + soucis financiers + santé déficiente + isolement social.

Mais peu importe leur nature et l'ampleur de leur influence, ces facteurs déterminent d'une façon ou d'une autre le déroulement et la résolution du deuil.

TABLEAU 7

	DÉTERMINANTS DU DEUIL
ANTÉCÉDENT	Séparations Pertes Maladies Confrontation à la mort Croyances Modèles Relation avec le défunt Personnalité
PRÉSENT	Âge Sexe État de santé Croyances Nationalité, culture Statut socio-économique Milieu familial ou affectif Circonstances du décès Relation avec le défunt Confrontation à la réalité de la perte Soutien Manifestations de chagrin Stress primaire Désorganisation Personnalité
SUBSÉQUENT	Circonstances du décès Confrontation à la réalité État de santé Statut socio-économique Soutien de l'entourage Stress secondaire Options nouvelles de vie Personnalité

CHAPITRE

6

LA RÉSOLUTION DU DEUIL

Je ne redoute qu'une chose : ne pas être digne de mes souffrances.

Dostoïevski

Il y a un peu plus d'un mois, madame N., 52 ans, a perdu son mari des suites d'une maladie grave. Depuis les funérailles, elle vit sous l'emprise d'un malaise diffus composé principalement de périodes d'intense chagrin, de manque d'entrain, d'incompréhension et de confusion. Elle ressent par-dessus tout un grand vide dans la maison. Et si ce n'était de l'aide d'un beau-frère, elle ne parviendrait pas à mettre de l'ordre dans les affaires de son mari. Sa vie est désorganisée dans les moindres détails routiniers et par moment le quotidien lui est difficilement supportable. De plus, ses rapports avec ses trois enfants se sont détériorés depuis le décès. Au lieu de se rapprocher d'elle comme elle s'y attendait, ils ont plutôt tendance à l'éviter et, les rares fois qu'ils lui rendent visite, ils semblent gênés ou irrités à tout propos. Après avoir exprimé des récriminations et des banalités, ils sont impatients de retourner chez eux.

Madame N. réalise qu'elle a perdu tout intérêt dans l'existence et qu'elle se traîne dans la maison comme un robot. Elle se décide à demander de l'aide car, dit-elle, elle ne se reconnaît plus et craint une dépression. Il s'avérera qu'elle éprouve aussi un besoin intense de dire sa peine et son désarroi.

Lorsqu'elle se présente à l'entrevue, elle a les traits tirés, les yeux rougis et la mise un peu négligée; les effets du stress sont manifestes. Tout laisse supposer pourtant qu'elle est d'ordinaire plus soucieuse de sa personne et qu'elle n'est pas du genre à se laisser abattre. Son regard n'est pas éteint et elle exprime d'emblée son désir de s'en sortir, ne serait-ce, dit-elle, que pour ses trois petits-enfants. Cet indice important révèle que madame N. a des perspectives d'avenir et qu'à tout le moins une part d'elle-même est déterminée à retrouver son équilibre afin de mieux vivre ce futur. Mais on ne peut sauter les étapes; il s'agit pour l'instant d'assimiler le passé récent et la situation présente. Elle ajoute qu'elle est sans emploi, mais qu'elle n'a pas de soucis financiers majeurs, lesquels constituent souvent des complications de deuil supplémentaires. Elle envisage de prendre un travail à temps partiel, mais elle préfère attendre encore quelques mois. Elle me confie aussi qu'elle a consulté un médecin, car elle était épuisée. Bien qu'elle ait maigri et qu'elle n'ait que peu d'appétit, elle est foncièrement en bonne santé et retrouve peu à peu son rythme de sommeil habituel. Toutefois, il lui arrive encore fréquemment de faire des rêves dans lesquels son mari est présent, en bonne santé, comme il était avant sa maladie. Par contre, lorsqu'elle pense à lui dans la journée, ce sont toujours des images de maladie et de mort qui hantent son esprit. «J'y pense à tout moment de la journée, dit-elle, mais surtout quand je me couche et quand je me lève, en déjeunant ou en préparant le souper. Je le vois partout dans la maison et parfois je me surprends à lui parler. Le pire, c'est le soir ou les fins de semaine. Je le revois toujours sur son lit d'hôpital, avec sa maudite maladie, l'ombre de lui-même à ses derniers moments... et quand il est mort, je n'étais pas avec lui, j'étais partie me reposer et je suis revenue trop tard... je n'étais même pas là, répète-t-elle en éclatant en sanglots. La maison est vide, tout est gris depuis qu'il n'y est plus...»

Je l'incite doucement à me raconter les circonstances de la maladie et du décès, à exprimer ce qu'elle ressent. Elle ne se fait pas prier, car elle en a long à dire. Tout a commencé il y a six mois quand son mari a consulté un médecin à cause de douleurs persistantes. Il n'avait jamais été malade jusqu'alors. Elle me parle en détail des investigations effectuées par plusieurs spécialistes, d'une première opération suivie d'une deuxième en l'espace d'un mois. Encore sous le coup de l'incrédulité, elle relate en pleurant la précipitation des événements, le diagnostic, les soins à domicile et, plus tard, les visites à l'hôpital. Tout s'est précipité si vite qu'elle n'est pas encore totalement revenue de sa stupeur. «Il devait prendre sa retraite dans un an. Nous avions acheté une petite propriété à la campagne et nous voulions y vivre plus tard. Nous faisions des projets; il voulait accomplir encore tant de choses. Nous étions mariés depuis plus de 30 ans et tout allait bien.

«Oh! bien sûr, chacun avait son caractère et nous avons eu des frictions comme tout le monde; personne n'est parfait et la vie a ses moments difficiles, mais nous nous aimions et nous nous entendions bien. Nous avions surmonté les années les plus difficiles et, malgré les problèmes, nous avons eu une belle vie. Nous avons élevé les enfants de notre mieux. Ils sont bien installés maintenant et heureux, je crois. L'aîné a deux garçons et la cadette, une fille; notre deuxième, Nadine, n'est pas mariée. Avant, c'est avec elle que je m'entendais le mieux, mais maintenant elle ne fait que me téléphoner de temps en temps. Quand les enfants viennent, ils sont toujours pressés de repartir. Ils me reprochent de ne pas assez sortir et de me laisser aller. Si je leur parle de leur père ou que je pleure, ils me disent d'essayer de ne plus y penser, d'oublier. Mais je ne veux voir personne... et je ne peux pas oublier tout ça! À deux ou trois reprises, ils m'ont suggéré de vendre la maison et de m'installer à la campagne. C'est trop tôt, je ne me sens pas prête... je ne veux pas quitter le quartier maintenant, les voisins, pour aller vivre toute seule là-bas... sans lui... Est-ce que je suis vraiment en dépression? Est-ce que je vais m'en sortir?»

Madame N. en est encore aux deux premières phases du deuil, soit l'expérience de chagrin et la désorganisation (case de gauche du tableau 1). Elle n'a pas encore complètement assimilé le traumatisme de la perte et elle a besoin de temps pour y parvenir. La maladie de son mari s'est déclarée subitement il y a six mois et les événements se sont précipités à un point tel qu'elle n'a pas vraiment réalisé ce qui arrivait. Certes, elle a vécu le choc du décès et surmonté les premiers sentiments d'incrédulité et de révolte. Elle a été confrontée à la dépouille de son mari et a assisté à l'enterrement. Elle est tout à fait consciente de la réalité de la perte et de la nécessité de s'y adapter. Mais elle éprouve toujours le besoin de verbaliser le déferlement d'émotions et de réactions soulevé par le décès, ce que son entourage ne lui permet pas de faire, du moins pas à sa satisfaction. Un mois après le décès, elle n'est qu'au début de son deuil et il est normal qu'elle cherche à déverser le trop-plein de son chagrin. Les funérailles ne sont pas le point final du deuil; elles ne font au contraire que marquer le commencement de la période d'adaptation à la réalité nouvelle. De fait, les quatre premières entrevues avec madame N. ne seront pas superflues pour l'aider à conscientiser la réalité de la perte, à exprimer son expérience de chagrin et à se réconcilier avec les circonstances du décès. Ces entrevues visent avant tout à faciliter le travail d'identification et de verbalisation de tous les affects relatifs à la perte. Cette étape ne peut être sautée ni accélérée artificiellement, et elle se prolongera d'autant moins qu'elle aura été facilitée, encouragée à se dérouler librement. Un abcès doit crever et se vider avant de se cicatriser.

Lorsque le décès met fin à une longue maladie, que la mort est considérée comme une délivrance ou un soulagement, ou que les survivants ont eu le temps de se préparer à l'issue fatale, la réconciliation avec les circonstances du décès se fait progressivement. Le traumatisme de la perte, anticipé, est atténué et ses conséquences sont envisagées à l'avance. Mais ce n'est pas le cas de madame N. qui subit les premiers assauts de la désorganisation.

Tandis qu'elle relate les faits, certains points saillants émergent et sont explorés en rapport avec la situation présente et l'avenir nouveau qui s'annonce. Ce processus facilite une coupure graduelle des liens et un détachement progressif, non draconien. En outre, chaque entrevue offre l'occasion de vérifier la persistance ou l'atténuation des symptômes, de renseigner l'endeuillée sur ce qu'elle vit et de l'encourager dans son cheminement. Chaque fois, elle se dit soulagée de pouvoir exprimer ce qu'elle ressent et rassurée de savoir qu'elle vit son deuil normalement. Entre temps, des points d'ancrage dans l'avenir sont jetés, quelques lueurs d'espoir sont dévoilées.

Dès la quatrième entrevue, madame N. présente des signes de changements positifs : ses traits sont moins tendus, son teint est un peu plus vif, sa tenue est soignée et sa posture, moins affaissée. Elle dort mieux et les cauchemars ont diminué. Durant la semaine précédente, elle a remarqué qu'elle reprenait goût à la préparation de ses repas et qu'elle mangeait avec plus d'appétit. Elle a recommencé à lire, une chose qu'elle n'était plus capable de faire depuis longtemps. Les périodes de chagrin s'espacent et se font moins aiguës. Certes, elle pleure encore parfois pour un oui ou pour un non, avoue-t-elle. Elle ressent toujours une profonde tristesse, mais son chagrin se fait moins envahissant. Le plus difficile à supporter, c'est la grande maison vide, l'immense solitude qui l'attend lorsqu'elle rentre. Car, c'est un autre fait marquant, elle est sortie trois fois cette semaine, ce qui lui a donné le sentiment de revivre, de reprendre goût à la vie. Nous échangeons sur ces développements et sur des points mentionnés précédemment, entre autres Nadine qui est toujours aussi distante. Il s'avère que celle-ci était très proche de son père, sa préférée en fait, et qu'elle éprouve beaucoup de difficulté à supporter son absence. Doucement, nous explorons diverses pistes pour tenter d'expliquer son comportement : il est possible qu'elle ait cherché à étouffer son chagrin en se surchargeant de travail; il est aussi possible qu'elle soit portée à ménager sa mère en refoulant sa propre peine ou que sa difficulté à exprimer ce qu'elle ressent soit la cause du brusque changement dans la qualité de leur relation; il est également possible qu'elle ressente plus ou moins consciemment une certaine forme d'hostilité ou de ressentiment à l'égard de sa mère quant à une quelconque responsabilité supposée dans le décès de son père. Peut-être qu'une conversation franche et qu'une écoute mutuelle patiente mettraient les choses au point et rétabliraient leur relation, à condition bien sûr que chacune exprime clairement et ouvertement ce qu'elle ressent, même si c'est pénible. Tout cela est dit avec des allusions et des nuances, sans donner de conseils ou de prescriptions directs.

Pendant la majeure partie de l'entrevue, madame N. parle surtout de son changement de statut et de sa difficulté de vivre avec l'absence de son mari. Elle réalise à quel point sa vie était fondée sur leur avenir commun. «On n'est jamais préparé à ça, dit-elle. Tout ce que je fais, chaque objet que je touche me le rappellent. Je peux vous le dire maintenant. Avant de venir ici, il y a quelques semaines, un soir où je me sentais très déprimée, j'ai souhaité en finir et le rejoindre. Mais ça n'a pas duré. Je me suis dit qu'il n'aurait pas approuvé ce geste... et j'ai pensé à mes petits-enfants... Dimanche dernier, j'ai commencé à trier les choses de mon mari. Je crois que je pourrai bientôt réunir les enfants et remettre à chacun ce qu'il veut garder. Peut-être aussi que ce serait bien de poser un nouveau papier peint et de réaménager la chambre... Je crois qu'il m'approuverait.» En racontant ça, elle quête une approbation, une permission que, seule avec ses interrogations, elle ne peut s'accorder.

Nous faisons un bilan en semant toujours quelques projets futurs. Insensiblement, madame N. est passée graduellement de la phase de traumatisme, de chagrin aigu à la phase d'adaptation au nouvel environnement. Les deux prochaines entrevues seront principalement consacrées au développement d'une nouvelle relation avec le disparu, au désinvestissement et aux options de vie nouvelle, en mettant l'accent sur les ressources dont elle dispose. Tout au long du travail d'assimilation, les références au passé sont fréquentes et c'est normal. Toutefois, la contradictoire et douloureuse absence-présence prend peu à peu son caractère distinct de mémoire intériorisée, de souvenir. Avant c'était : «Il n'est pas là, sa présence physique me manque et je souffre de son absence. Je ne peux pas vivre sans lui, les liens ne sont pas coupés.» Peu à peu, la formulation devient différente : «Je m'habitue et me résigne à son absence. J'en souffre encore et je sais que j'en souffrirai longtemps mais, bien que les liens soient coupés, il est présent d'une autre manière et son souvenir ne m'empêchera pas de vivre.»

À la septième entrevue nous faisons une récapitulation du chemin parcouru. Il me paraît opportun de préparer madame N. à l'interruption prochaine du suivi de deuil. Nous reparlons du processus de deuil, lent et progressif, du fait que le cycle complet est loin d'être terminé et qu'elle connaîtra sans doute encore d'autres moments difficiles. Je lui rappelle néanmoins tout le travail qu'elle a effectué depuis plus de deux mois et lui souligne qu'elle est déjà entrée dans la phase de reconstruction, de guérison. Elle réalise qu'elle a effectivement évité la dépression et qu'elle peut maintenant envisager de nouvelles perspectives d'avenir. Elle sait que son deuil n'est pas terminé, mais elle se sent capable de le poursuivre seule, le pire étant passé.

Durant les deux dernières entrevues, nous reparlons surtout de sa propre reformulation d'un sens à la vie, de sa nouvelle identité (qu'elle trouve difficile à assumer) et de ses nouveaux rôles. Au sujet du réinvestissement, nous revenons souvent à ses ressources que dorénavant elle est plus en mesure de reconnaître et d'exploiter (case de droite dans le tableau 1).

Trois mois et demi ont passé depuis le décès. L'aide au deuil de madame N. s'est poursuivie durant neuf semaines consécutives et a cessé au moment où l'endeuillée a surmonté la phase la plus douloureuse. Pendant cette période, elle a connu des moments de découragement et de questionnement, des progrès et des arrêts. Les rappels du passé ont été nombreux, les interrogations sur l'avenir, fréquentes. Il est probable que cette femme aurait pu surmonter son épreuve sans aide extérieure, mais celle-ci aurait été plus longue, plus douloureuse peut-être. Quoi qu'il en soit, dans sa pénible expérience, elle avait surtout besoin d'être écoutée, comprise et acceptée. Elle avait besoin de quelqu'un à qui exprimer sa douleur et sa solitude. Les entrevues hebdomadaires lui ont permis d'éclaircir certains faits troublants et de faire le point sur son évolution. Elles l'ont rassurée sur le déroulement normal de son deuil et l'ont aidée à faire le tri de ses émotions. L'aide a contribué à la soulager d'un fardeau émotionnel et l'a soutenue dans son travail de deuil en renforçant le développement de ses ressources et en dégageant des perspectives nouvelles. Chaque entretien a été un pas positif de plus dans son cheminement vers l'avenir. Madame N. a retrouvé son équilibre et se sent confiante dans la poursuite de ses objectifs. Soit dit en passant, elle a mentionné lors de la dernière entrevue qu'un rapprochement s'était effectué entre elle et Nadine. Toutes deux ont le sentiment d'être mieux comprises et de se communiquer plus facilement leurs émotions.

Ce cas comporte plusieurs éléments semblables à ceux de nombreux deuils et décrit les phases d'un déroulement relativement courant. Il arrive cependant que le processus de résolution soit plus compliqué ou laborieux dans son ensemble ou quant à certains points particuliers. Cela dépend des facteurs déterminants. Les exemples suivants illustrent ces difficultés particulières.

Monsieur P. ressent beaucoup de culpabilité à la suite du décès de sa femme, car il était souvent absent de la maison et croit qu'il ne s'est pas assez occupé d'elle. Madame B. est profondément troublée en prenant conscience au cours de son deuil de l'ampleur de ses sentiments d'amour/haine à l'égard d'un mari égoïste et autoritaire.

En quatre ans, la petite-fille de madame V. a été plusieurs fois confrontée à la mort d'êtres chers et elle s'est beaucoup dévouée malgré son jeune âge. À la suite du décès de sa grand-mère, ses résistances s'effondrent et elle a d'horribles cauchemars. Un homme perd sa femme après 50 ans de vie commune et il est inconsolable. Une mère célibataire voit sa fille unique mourir et ses sentiments de révolte mettront beaucoup de temps à céder la place à un sentiment d'acceptation viable. Une femme se sent délivrée, par la mort de son conjoint, d'une longue et tumultueuse relation dévalorisante, mais elle se sent par ailleurs démunie et désorientée.

Chaque cas est individuel, unique et incomparable. Il est fréquent que les personnes endeuillées découvrent en elles ou dans leur environnement des ressources jusque-là insoupçonnées, tandis que d'autres se trouvent contre toute attente démobilisées et privées de leur faculté d'adaptation. Les endeuillés n'ont souvent besoin que d'une présence au bon moment, d'un soutien réel même s'il n'est que temporaire, de quelques pistes ou points de repère, et de temps. Car le temps est peut-être le plus négligé des facteurs aidants (souvent par les proches) et le plus difficile à cerner, à quantifier, dans la résolution du deuil. C'est pourtant un outil puissant lorsqu'il est considéré comme allié; mais l'un des effets de la perte est de provoquer chez l'endeuillé la sensation que le temps est soudainement figé, suspendu dans son mouvement, et cet arrêt bloque ou fausse temporairement toute perception du futur. Il est donc difficile et peu aidant de faire valoir aux endeuillés l'aspect positif d'une dimension qui leur échappe.

On peut comparer le travail de deuil à tout autre travail, manuel ou intellectuel, effectué dans la vie courante. Chaque tâche est entreprise en fonction d'un but à atteindre, des connaissances acquises, des matériaux, des outils et des données disponibles, ainsi que des implications et des conséquences de ce travail. Ce sont ces éléments qui déterminent la valeur et l'efficacité du travail. Il peut arriver, entre autres, que la tâche soit mal définie, que les matériaux soient défectueux, les outils, non adéquats ou qu'une aide technique soit indispensable. Mais de toute façon, la réussite est toujours tributaire de l'engagement et de la détermination à mener le projet à terme.

Certains facteurs déterminants peuvent aussi bien constituer des handicaps que des atouts, mais quelles que soient les conjonctures, le fait de se prendre en main ainsi que le soutien de l'entourage et le temps sont des atouts majeurs de réussite pour une bonne résolution de deuil.

LES CRITÈRES DE GUÉRISON

Les critères de guérison suivants se manifestent dès le début du deuil et laissent présager un processus de cicatrisation effectif, sinon aisé, à plus ou moins long terme :

- L'acceptation de la perte ou, à tout le moins, un certain degré d'aptitude à l'accepter.
- La conscientisation du problème et la prise en charge de soi, ainsi que la motivation.
- L'intériorisation de la «présence» du défunt dans la nouvelle réalité (le fait de s'en souvenir, d'être confronté aux rappels de son existence antérieure, n'empêche plus de vivre pleinement et librement sa vie).

D'autres critères de guérison apparaîtront en cours ou à la fin de la résolution, tels que :

- la disparition complète et définitive des symptômes, y compris aux dates anniversaires (le défunt n'est pas oublié; les rappels et les pensées se manifestent à certaines occasions, mais ne produisent plus de symptômes);

- l'actualisation des nouveaux modèles de soi et du monde («J'ai changé, ma vie et l'environnement sont différents, mais je m'adapte à ces changements et je peux survivre dans cette nouvelle réalité.»);
- l'amélioration de la vie de l'endeuillé sur tous les plans (physique, moral, affectif, psychologique, fonctionnel, etc.);
- la capacité de reformuler un sens valorisant et signifiant à la vie;
- la capacité de réinvestir socialement et affectivement.

Le deuil est résolu, accompli, lorsque l'endeuillé est capable de se souvenir avec réalisme et sérénité de l'existence antérieure du disparu dans sa globalité et, plus spécialement quand il s'agit d'une personne très proche, des plaisirs et des déceptions partagés, des accomplissements et des projets vécus en commun, sans que ce souvenir n'affecte la qualité de vie présente. Bien entendu, ces critères ne sont que des indices généraux de guérison et ne peuvent s'appliquer uniformément à tous les endeuillés. Chacun vit le deuil et la cicatrisation à sa façon. Un deuil peut n'être, à proprement parler, jamais complètement résolu sans pour autant altérer démesurément ou dramatiquement la qualité de vie et le bon fonctionnement du survivant.

LES FACTEURS AIDANT À LA RÉSOLUTION DU DEUIL

À chaque période difficile de sa vie, l'être humain tend naturellement à exploiter au maximum de ses possibilités les moyens disponibles et utiles à sa quête d'un mieux-être, au rétablissement de son équilibre, à la recherche de solutions satisfaisantes. Toutefois, s'il se sent seul, dévalorisé ou rejeté, s'il est privé de soutien communautaire et coupé de liens

TABLEAU 8

LES CRITÈRES DE GUÉRISON
L'acceptation de la perte La prise en charge de soi L'intériorisation de la «présence» du défunt La disparition complète des symptômes L'actualisation des nouveaux modèles de soi et du monde L'amélioration globale de la qualité de vie La capacité de reformuler un sens à la vie La capacité de réinvestir affectivement et socialement

affectifs ou démuni de ressources intérieures, l'épreuve qu'il vit est plus difficilement surmontable.

En ce qui concerne le deuil, bien qu'il n'existe aucune manière idéale de le compléter, certains facteurs peuvent grandement alléger la souffrance tout en contribuant à sa bonne résolution. En voici quelques-uns, regroupés en deux catégories, souvent mis à profit par les survivants.

Les ressources intérieures

Accepter la réalité de la perte

Toute chose est vouée à une fin dont on ne peut prévoir le moment avec certitude. Nous subissons de nombreuses pertes au cours de notre existence et certaines sont particulièrement douloureuses, notamment la perte d'un être cher. S'il est normal d'exprimer la révolte et le chagrin qu'elle soulève, l'exagération ou la persistance de ces sentiments risquent de retarder le rétablissement de l'endeuillé, tandis que l'acceptation et la résignation facilitent le dégagement de nouvelles perspectives.

Participer aux rituels du deuil

Beaucoup de gens considèrent aujourd'hui les funérailles et les rituels du deuil comme morbides, et pensent qu'ils devraient être hâtés ou réduits au strict minimum. Cette conception va de pair avec le déni de la mort dont il est tellement question. Pourtant, depuis toujours et dans toutes les cultures, les coutumes de deuil ont fait leurs preuves comme moyens de conscientiser la réalité de la perte et de faciliter le passage à un état de vie différent, tout en permettant à l'endeuillé de manifester ouvertement son chagrin au lieu de le refouler. Il est notoire que les endeuillés qui évitent ou sont empêchés de participer aux rituels du deuil ont davantage de difficultés à intégrer la perte.

Accepter son chagrin et l'exprimer

Il faut vivre l'expérience du chagrin intellectuellement et émotionnellement. Le fait de se révolter, de parler, de crier ou de pleurer n'est pas un signe de faiblesse. Chercher à paraître fort et stoïque n'est souvent qu'une façon de refouler sa peine, laquelle risque de resurgir plus douloureusement à l'occasion d'un autre décès, par exemple. Cela étant dit, on ne peut nier que les manifestations de chagrin varient d'une personne à l'autre en raison de la personnalité et des circonstances.

Être attentif aux effets du deuil

Ceux-ci ne doivent pas être négligés. Le stress provoqué par le deuil peut entraîner plusieurs complications. Il est bon de prendre conscience de ses effets sans chercher à nier ou à déplacer ses causes. Ainsi, par exemple, lorsqu'une veuve est triste et apathique et que ses enfants subissent des changements de comportement, leur relation est altérée, la communication est pénible sinon carrément coupée. Dans une telle situation, il serait souhaitable que chacun puisse identifier et verbaliser clairement les raisons de ses réactions plutôt que de les exprimer (tout en niant les effets du deuil) d'une façon qu'elles risquent d'être mal perçues par l'entourage.

Sur le plan de la santé, continuer de se nourrir sainement et selon son appétit, faire un peu d'exercice et consulter un médecin, constituent de bons moyens de surmonter l'épreuve.

Ne pas prendre hâtivement de décisions importantes

Les décisions importantes prises trop hâtivement pourraient être amèrement regrettées plus tard. La période de deuil n'est certes pas le moment idéal pour modifier brusquement son mode de vie. En effet, souvent la perception des choses se trouve faussée, le jugement, altéré, et la tâche primordiale consiste à s'adapter à la situation présente avant de la modifier en profondeur et de façon radicale (elle l'est déjà suffisamment par la force des choses). À moins que la situation ne l'exige, il est préférable d'attendre quelques mois avant de procéder à des changements majeurs (déménagement, vente de la maison, changement d'emploi ou de milieu, remariage, adoption, etc.).

Accepter un mode de vie nouveau et inévitable

Il faut s'adapter graduellement à la nouvelle existence. Peu à peu, diverses perspectives d'avenir se dégageront plus clairement, certaines options se préciseront. Il est important de rester en contact avec le monde extérieur en évitant toutefois le développement trop rapide de nouvelles relations affectives (refoulement et remplacement prématuré).

Comprendre que seul le temps peut atténuer le chagrin et cicatriser la blessure

Un auteur a écrit que «le temps ne retient pas ce qui se fait sans lui». En effet, les choses prennent du temps à se bâtir, à se concrétiser, à se développer. Les œuvres, les projets, la vie, l'enfantement, même la maladie prennent du temps pour arriver à terme. Il en est ainsi de l'assemblage et du développement des souvenirs, de la cicatrisation et de la guérison.

Les ressources extérieures

L'entourage

La présence d'amis ou de personnes capables de supporter les manifestations de chagrin sans chercher à les repousser ou avoir immédiatement tendance à tout expliquer ou rationaliser constitue un soutien précieux au début du deuil. Les parents ou les dépendants ne sont pas toujours les plus aptes à réconforter. Étant eux-mêmes en situation de deuil, ils sont souvent irrités et incapables de donner l'aide que l'on attend d'eux. C'est une situation fréquente à l'intérieur d'une famille où une personne fait figure de «victime principale» (par exemple la mère), alors que chacun est affecté dans son individualité. Dans ce cas, certaines «victimes secondaires» dont le chagrin et la désorganisation ne sont pas reconnus peuvent être coincées entre leurs propres besoins et ceux des autres.

Un conjoint, des enfants ou des petits-enfants

Dans certaines circonstances de décès, la présence de personnes qui sollicitent l'attention et l'affection est un excellent facteur aidant. Cette présence contribue à préserver un certain niveau de sécurité et de stabilité émotionnelles, car elle permet de garder le contact avec la réalité grâce à des activités valorisantes et réconfortantes. L'endeuillé retire de saines compensations à la perte et ses occupations l'aident à se tourner vers l'avenir avec confiance et détermination.

La foi, les croyances

Beaucoup d'endeuillés puisent dans les valeurs morales, philosophiques, spirituelles ou religieuses la force et le courage d'accepter l'épreuve et d'entreprendre un mode de vie nouveau. Sur le plan psychologique, ces valeurs offrent à l'endeuillé un terrain sûr et l'aident à surmonter la désorganisation. L'aide d'un conseiller spirituel, la prière ou les lectures constituent un secours important pour les personnes dont la foi est une composante de leur personnalité. Néanmoins, il faut ajouter que, contrairement à ce que suggèrent certains discours spiritualistes, il ne s'agit pas d'une condition *sine qua non* de résolution. Ceux qui n'ont pas la foi peuvent aussi bien résoudre leur deuil, tandis que certains croyants éprouvent des difficultés à le faire.

Les loisirs

Le fait de maintenir ou d'entreprendre des activités de loisirs constitue un excellent moyen d'atténuer son chagrin et de garder un contact avec la réalité extérieure. Par exemple, s'adonner à certains sports peut contribuer à un sain défoulement et à l'extériorisation de la colère, de la frustration ou de l'hostilité. Il peut s'agir de loisirs antérieurement partagés avec le défunt (ce qui peut faciliter le développement de l'intériorisation) ou de la découverte d'intérêts nouveaux. Toutefois, il est important de ne pas chercher à s'étourdir ou à étouffer le chagrin par la pratique de ces activités.

Le travail

Toute personne qui subit un stress important devrait pouvoir bénéficier d'un temps de repos et de réorganisation. Socialement, la période des funérailles est souvent perçue et acceptée comme telle, mais malheureusement elle est insuffisante pour plusieurs endeuillés. Cependant, la poursuite des activités professionnelles est pour certains une façon positive d'éviter une dépression sévère, car elles les maintiennent rattachés au monde extérieur, ancrés dans la vie quotidienne. D'ailleurs, il faut noter que beaucoup n'ont pas le choix. Mais là encore, il est important de considérer que la fuite dans le travail risque de constituer un refoulement ou un évitement.

L'aide pratique et matérielle

Elle contribue à alléger le fardeau des tâches quotidiennes que temporairement l'endeuillé se sent incapable d'assumer et lui permet de surmonter graduellement la désorganisation, d'effectuer la transition au mode de vie nouveau. De simples petits gestes aident et sécurisent les endeuillés qui ont parfois tendance à se laisser aller ou à oublier des choses essentielles. Le fait d'aider l'endeuillé à poursuivre les tâches routinières et nécessaires le maintient en contact avec la réalité et contribue à bâtir son avenir.

L'assistance professionnelle

Lorsque certaines des conditions de base nécessaires à un bon déroulement de deuil sont réunies, lorsque les circonstances du décès ne sont ni violentes ni traumatisantes, la plupart des endeuillés parviennent à résoudre leur deuil le plus souvent grâce à la présence bienveillante et affective de leur entourage, et à la poursuite d'activités valorisantes et signifiantes. Toutefois, si le soutien des parents et des amis ne semble pas suffisant, si la personne éprouve de la difficulté à vivre son deuil, il n'y a aucune honte à demander une aide spécialisée. Il ne s'agit pas là d'un signe de faiblesse. Les endeuillés qui consultent disent souvent qu'ils le font par crainte d'une dépression, ou par besoin d'éclaircissement sur leurs réactions et comportements. Ces questionnements sont des indicateurs positifs d'une prise en charge de soi et d'un premier pas vers le mieux-être.

TABLEAU 9

FACTEURS AIDANTS DE RÉSOLUTION	
RESSOURCES INTÉRIEURES	L'expérience intellectuelle et émotive de chagrin L'acceptation de la réalité de la perte Les rituels du deuil Une réponse aux effets secondaires La santé Le suspens des prises de décision importantes L'acceptation d'un mode de vie nouveau Le temps comme allié
RESSOURCES EXTÉRIEURES	Un entourage compatissant et aidant Les objets d'attention et d'affection La foi et les croyances Les loisirs Le travail L'aide pratique et matérielle L'assistance professionnelle

CHAPITRE

7

LES DEUILS COMPLIQUÉS

L'homme est un être très complexe,
pourquoi vouloir l'expliquer par la
logique?
Ou bien par l'économie? Ou par la
physiologie?

A. Soljenitsyne

DIFFÉRENTS TYPES DE DEUILS COMPLIQUÉS

Certaines réactions, autrefois décrites comme caractéristiques d'un deuil pathologique, sont aujourd'hui considérées comme des variations du processus normal de deuil, et de nombreux intervenants préfèrent employer l'expression «deuil compliqué» plutôt que «deuil pathologique», cette dernière appellation ne s'appliquant qu'aux cas nettement plus graves.

On peut résumer ainsi les caractéristiques d'un deuil compliqué :

– intensification et persistance des réactions normales;

- stagnation ou résolution très lente;
- comportements mal adaptés;
- persistance de l'état de deuil.

Bien que ce livre soit consacré principalement au déroulement du deuil normal, il n'est pas inutile d'y esquisser à grands traits quelques types de deuil compliqués dans le but d'aider les endeuillés et leurs proches à identifier diverses variations possibles de réactions et à consulter au besoin un intervenant spécialisé.

Le deuil anticipé ou prédeuil

Il arrive que les proches parents d'une personne arrivée au terme de sa vie prennent une grande distance affective ou physique envers elle et la considèrent plus ou moins consciemment comme pratiquement disparue de leur champ affectif. Il s'agit d'un désinvestissement prématuré, quelquefois renforcé par l'urgence ou la nécessité de mettre les affaires en ordre et de prendre des dispositions relatives au testament et aux funérailles, ou au bien-être des dépendants survivants. Dans le cas d'une longue maladie dont l'issue est de toute évidence fatale, il est fréquent que les dépendants commencent à faire leur deuil et à réorganiser leur vie avant le décès. Cette distanciation, normalement progressive, devient nettement problématique lorsqu'elle perturbe sérieusement ou coupe carrément la relation entre les protagonistes, lesquels ont encore besoin de la relation mais la repoussent pour diverses raisons. Parfois c'est la personne en fin de vie qui, en se retirant elle-même, provoque un deuil anticipé chez les survivants. Parfois ces derniers réagissent à la perte prochaine (anticipée) en activant un mécanisme de protection qui vise à un détachement préventif afin de moins souffrir au moment de la perte. Ce détachement prématuré va généralement de pair avec des difficultés relationnelles préexistantes; il peut par ailleurs engendrer un sentiment persistant de grande culpabilité dans le deuil futur. Rappelons toutefois qu'il est important de nuancer : dans certaines circonstances, un degré de prédeuil peut s'opérer sainement dans une relation signifiante et soutenue.

Le deuil retardé ou inhibé, ou encore reporté

Il s'agit d'un refus inconscient de la souffrance engendrée par le chagrin. Afin de moins souffrir, la personne éprouvée par la perte refoule son chagrin et n'exprime pas, ou très peu, ses réactions émotionnelles, sous le prétexte conscient qu'elle était préparée au décès ou que les pleurs sont inutiles et qu'il faut tourner la page. Ce chagrin refoulé sera réactivé et se manifestera d'une manière excessive et douloureuse à l'occasion d'une perte ultérieure, sans que la personne soit consciente de son rattachement à la perte actuelle.

Une réaction de deuil retardé peut aussi se présenter chez un individu qui n'est pas directement ou affectivement attaché au défunt. C'est le cas, par exemple, d'une personne dont un ami perd un proche, d'une personne qui est témoin d'un accident, d'un spectateur qui apprend une catastrophe par les médias ou qui regarde un film dramatique et qui réagit avec de réelles manifestations de chagrin, comme si la situation l'atteignait personnellement. Dans ces circonstances, c'est l'intensité du chagrin ressenti qui caractérise la réaction et exprime un deuil antérieur non résolu.

Le deuil chronique

Le deuil chronique est un deuil prolongé qui ne parvient jamais à une conclusion satisfaisante, qui traîne en longueur et encombre la vie de l'endeuillé. Il se manifeste par un attachement démesuré aux objets ayant appartenu au défunt et par une incapacité de s'en séparer, ainsi que par un sentiment persistant de privation et d'incomplétude. L'absence du défunt est constamment ressentie et décrite comme la cause de ce sentiment. Le deuil chronique se traduit en général par une grande difficulté à vivre et un désespoir sans fin. La personne affectée est consciente que sa réaction se prolonge indûment, mais elle se sent incapable d'y mettre un terme. Parfois, elle agit comme si elle se sentait obligée de prouver son chagrin aux autres et de l'afficher ostensiblement en toute occasion, souvent avec affectation, comme si elle se sentait coupable d'avoir à terminer son deuil. Si une telle personne demandait de l'aide, il serait alors nécessaire de compléter les phases du deuil qui auraient dû normalement s'effectuer en temps et lieu, d'explorer les raisons à l'origine du blocage, et de lui donner l'approbation, la «permission» de faire son deuil.

Le deuil morbide accentue ces réactions à un point tel que l'individu s'isole du monde, devient incapable d'établir ou de maintenir des rapports signifiants avec son entourage, et s'enlise dans une tristesse profonde. Son deuil peut se traduire par un désespoir, un sentiment de culpabilité ou d'hostilité extrêmes, voire des comportements antisociaux ou autopunitifs menant éventuellement à l'autodestruction réelle ou symbolique.

Le deuil exagéré

Il est tout à fait normal et sain de ressentir du chagrin et de l'anxiété, de se sentir désorganisé et déprimé après la mort d'un être cher. Toutefois, quand le chagrin est tellement envahissant qu'il empêche l'endeuillé de fonctionner, quand l'une ou plusieurs des réactions normales se manifestent à un degré extrême, il s'agit d'un deuil exagéré dont les conséquences atteignent des proportions démesurées. Ce type de deuil se traduit par des réactions excessives et prolongées (pleurs, lamentations, peine constante et lancinante). Parfois, l'anxiété initiale risque de mener au développement de comportements inadaptés ou d'une phobie, par exemple la peur de la maladie, l'évitement des lieux ou objets rappelant les circonstances du décès.

Le deuil absent ou masqué, ou encore réprimé

Dans ce cas, les manifestations normales de chagrin sont absentes et se traduisent par des symptômes ou des comportements qui affectent la personne sans qu'elle soit consciente de leur origine (la ou les pertes). Plutôt que d'exprimer les symptômes affectifs normaux, elle développe des symptômes perçus comme des équivalents affectifs de deuil, soit sur le plan physique, soit sur le plan comportemental.

Helene Deutsch dit que la personne qui manifeste des réactions de deuil masqué utilise des mécanismes d'autoprotection pour circonvenir l'effort et la tension qu'exige le travail de deuil, lesquels lui sont insupportables. Cela s'expliquerait par le fait que son ego n'est pas suffisamment fort ou développé pour supporter cette tension. Elle souligne aussi que le deuil non déclaré se révélera en entier d'une autre manière[1].

Les adolescents manifestent souvent une absence de réactions consécutives à la perte; ils semblent détachés de leurs affects. Ce comportement peut être renforcé par l'attitude de certaines personnes de leur entourage qui ne permettent pas l'expression du chagrin.

La personne qui vit un deuil réprimé ou masqué risque de développer des symptômes physiques semblables à ceux du défunt, ou d'autres perturbations psychosomatiques ou comportementales. Quelquefois la douleur est développée comme symbole d'un deuil réprimé. Souvent, plusieurs années s'écoulent avant que ces symptômes n'apparaissent et le lien avec un éventuel deuil absent n'est pas évident à prime abord. Il peut apparaître ou être détecté plus précisément à l'occasion d'un travail thérapeutique nécessité par un long malaise ou une pathologie difficilement explicable. Il faudra là encore explorer les pertes antérieures et, le cas échéant, aider la personne à compléter ses deuils.

---

1. Deutsch, Helene, «Absence of grief», dans *Psychoanalytic Quarterly*, vol. 6, 1937.

LES INDICATEURS DE DEUIL COMPLIQUÉ

Les troubles psychologiques ou comportementaux

- Absence de toute réaction au moment du décès, et délai de plus de deux semaines avant la première manifestation de chagrin
- Identification à certains symptômes du défunt
- Identification à des traits personnels du défunt
- Colère fortement exagérée
- Souffrance, chagrin exagérés et persistants
- Cauchemars réitérés (souvent avec l'image du défunt)
- Idéalisation de la personne disparue
- Dépendance très grande à son égard
- Évitement phobique ou, au contraire, attachement maniaque aux lieux et objets rappelant le défunt ou sa mort
- Panique injustifiée à l'occasion d'une maladie, ou la conviction non fondée d'une menace de décès dans la famille
- Réactivation importante des symptômes aux dates anniversaires
- Perte de l'estime de soi, autodépréciation et dévalorisation, destruction de soi sous une forme déguisée
- Isolement, repli sur soi, inadéquation prolongée au monde extérieur
- Délinquance
- Alcoolisme
- Anorexie ou boulimie
- Aboulie, neurasthénie
- Absentéisme
- Insomnies persistantes

Les troubles somatiques

- Céphalées
- Troubles digestifs persistants, ulcères gastriques
- Douleurs «rhumatoïdes»
- Développement d'une maladie somatique, telle que l'apparition ou l'aggravation d'une thrombose coronarienne, l'hypertension artérielle, l'asthénie prolongée. Certains auteurs mentionnent aussi la leucémie et le cancer du col de l'utérus.

La présence de deux ou de plusieurs de ces indicateurs permet de déceler si un deuil est compliqué ou pathologique. Il arrive toutefois que quelques réactions de deuil compliqué se manifestent pendant un certain temps dans le déroulement d'un deuil normal. Mesurer le degré «acceptable» d'intensité ou de durée d'une réaction n'est pas une tâche facile. Il est donc important de toujours nuancer en fonction de divers paramètres.

Cependant, il peut être tout aussi important et déterminant de traiter ces troubles dès leur apparition et, dans le doute, il est plus avisé de consulter un spécialiste avant qu'ils ne s'aggravent.

Pour conclure, on peut dire que le deuil compliqué se caractérise généralement par la forte exagération et (ou) la persistance de l'une ou de plusieurs des réactions normales.

CHAPITRE

8

L'IMPORTANCE DE FAIRE SON DEUIL

Celui qui a un «pourquoi» qui lui tient lieu de but, de finalité, peut vivre avec n'importe quel «comment».

Nietzsche

Les trois cas suivants décrivent le malaise persistant qui perturbe à divers degrés la vie de personnes ayant mal complété un deuil.

Yolande a 36 ans, son frère aîné, Marcel, 42 et le plus jeune, Robert, 33. Elle occupe depuis plusieurs années un emploi stable dans une firme de courtage. Elle partage ses loisirs de célibataire principalement entre les sports, la lecture, la musique et le bénévolat auprès d'enfants handicapés. Ses meilleurs amis ont entendu sans doute des centaines de fois le récit du terrible souvenir qui la hante. Il y a 11 ans, sa sœur cadette, Michèle, qu'elle affectionnait beaucoup, mourait tragiquement à 20 ans dans les circonstances suivantes. Michèle et son époux Stéphane partent en voyage le jour même de leurs noces, un beau samedi de juin. Le lendemain en soirée, à peine remis de la fête, ses parents reçoivent un appel de la police les informant de l'accident : un camion-remorque a manqué un virage et les a frappés de plein fouet. Stéphane a eu le réflexe de se jeter sur sa femme pour la protéger, mais c'est elle qui mourut sur le coup, les vertèbres cervicales brisées. Stéphane survécut pendant 11 ans, gravement handicapé.

À moins d'avoir vécu une épreuve semblable, on ne peut pas vraiment saisir l'ampleur du traumatisme subi alors par les protagonistes. On ne peut qu'imaginer les réactions de choc, d'incrédulité, de colère et de déni qui s'emparent d'eux. Marcel prend les choses en main et déclare qu'il s'occupe de tout. Il roule toute la nuit jusqu'au lieu de l'accident où l'attend la police. C'est lui qui identifie sa sœur et qui remplit les formalités. Le corps est ramené et incinéré lors d'une brève cérémonie. Les parents, le frère cadet et Yolande n'ont jamais revu Michèle, pas même son corps. Elle se marie le samedi matin, part en voyage le soir même, meurt le lendemain et est incinérée le mercredi suivant. Tels sont les faits horribles que Yolande me raconte 11 ans plus tard. Depuis cet accident, une certaine conspiration du silence s'est installée dans la famille. On parle le moins possible de Michèle et de tout ce qui peut l'évoquer. Tous ont cherché à oublier rapidement. Inconsciemment, ils ont refoulé, réprimé un chagrin trop douloureux, trop pénible à supporter. Les rapports familiaux ont été perturbés. Le vieux chagrin qui ne s'est jamais vraiment exprimé, la douleur sourde et lancinante sont des braises brûlantes sous la cendre et servent de catalyseurs à d'anciennes rancœurs et frustrations. Depuis l'accident, la moindre flammèche active ou réactive des reproches, des regrets, des accusations et des ressentiments qui se soulèvent en flambées destructrices en laissant chaque fois d'amères blessures. En certaines occasions, c'est inévitable : la tristesse et la révolte surgissent, mais elles sont vite réprimées. Pourquoi ramener des souvenirs douloureux qui font si mal? Pourtant le fait est criant : quoi qu'ils fassent, ils y reviennent toujours, la peine est là, profondément enfoncée comme une épine dans le cœur, comme un vilain mal qui n'en finit plus. C'est évident, la famille n'a pas accepté la perte, n'a pas fait son deuil. «Mais comment accepter une chose pareille?» me demande Yolande. Elle est la seule de la famille à pouvoir parler de l'événement, et encore, avec beaucoup de difficulté. Ce qui frappe surtout, c'est qu'elle revit sans cesse les mêmes détails qu'elle a déjà racontés mille fois. Une partie de son existence s'est arrêtée, figée 11 ans plus tôt. Il y a eu fixation et non intégration.

Il n'est pas facile de parler du travail de deuil à Yolande sans qu'elle se sente fautive (ou accusée) d'avoir mal agi. D'ailleurs, elle cherche souvent à justifier son comportement et celui de sa famille lors de l'accident. Il n'est pourtant pas question de porter un jugement sur leurs réactions, ni d'ajouter au fardeau de la douleur. Il s'agit de lui faire prendre conscience des paramètres de ce deuil prolongé et d'en faciliter la résolution complète.

C'est un autre événement tragique, en quelque sorte le troisième acte du drame, qui va dans une large mesure agir comme catharsis. Yolande a entre temps repris contact avec Stéphane qui avait été promptement banni de la famille (d'une certaine façon, il a servi de bouc émissaire). Leur amitié se ravive et promet un beau rapprochement. Malheureusement, Stéphane ne s'est jamais remis complètement des séquelles de l'accident. Parvenu au stade ultime d'un calvaire de 11 ans, il meurt quelques mois plus tard. Cette fois, Yolande vit intensément son chagrin sans chercher à le réprimer. Elle exprime ouvertement ses sympathies et ses émotions à la famille de son beau-frère avec laquelle elle était restée liée. Elle pleure, se recueille devant la dépouille de Stéphane et assiste à l'enterrement. Elle m'appelle un peu plus tard pour me dire que la boucle est bouclée, que ce dénouement lui a permis de comprendre et d'assimiler beaucoup de choses. Le chagrin soulevé par la mort de Stéphane s'est fusionné au vieux chagrin initial. L'abcès a crevé et la plus grande part de l'intégration et de la guérison s'est effectuée.

J'ai passé sous silence de nombreux détails significatifs. Il est certain que la mort de Michèle n'explique pas à elle seule les relations tendues entre les parents et les enfants. Elle n'a été en fait qu'un déclencheur qui aurait pu se produire à l'occasion de tout autre événement crucial. Certains indices laissent présumer qu'il existait antérieurement des difficultés relationnelles au sein de la famille, un terrain propice au refoulement des émotions (voir la section concernant les déterminants du deuil). L'intense réaction de déni, la colère, l'incrédulité et la souffrance, ainsi que l'hostilité à l'égard du responsable de l'accident et de Stéphane étaient des réactions normales et compréhensibles dans les circonstances. Elles se sont néanmoins prolongées en grande partie faute d'avoir été ouvertement exprimées et vidées en temps et lieu.

Monsieur G., dans la jeune soixantaine, bénéficie d'une bonne santé et d'un statut social élevé. Directeur d'un important cabinet de relations publiques, il a la personnalité de l'emploi. Affable et communicatif, il possède les traits et la prestance communément associés aux vedettes de cinéma d'âge mûr. Sa compagne de 32 ans a les caractéristiques d'un mannequin. Tous deux s'adonnent à plusieurs sports, sortent et reçoivent beaucoup, et suscitent des rumeurs admiratives dans leur entourage. Pourtant, certaines ombres apparaissent au tableau quand on les connaît mieux : monsieur G. est très possessif; il refuse que sa compagne travaille, surveille ses activités, contrôle ses achats et veut avoir le dernier mot sur les moindres détails domestiques. Elle s'ennuie à mourir lorsqu'elle est seule, étouffe et se sent infantilisée en la présence de son compagnon. Un soir, l'alcool aidant, monsieur G. se confie spontanément : une quinzaine d'années auparavant, il s'est séparé de sa femme. Celle-ci fit plusieurs tentatives de réconciliation infructueuses. Atteinte d'une maladie grave qui suscita quelques rapprochements fugaces et superficiels, elle se suicida peu de temps après. À ce moment, monsieur G. a réagi avec beaucoup de colère à l'égard de sa femme (une projection de sa colère contre lui-même), et ce sentiment ne s'est jamais véritablement estompé. Depuis 15 ans, il est secrètement tourmenté par les vieilles histoires non finies et les nombreuses questions restées sans réponse. Il est rongé par la culpabilité, envahi par un fantôme omniprésent et il ne peut partager ses sentiments avec sa compagne. Il semble que sa tendance naturelle à maîtriser et à contrôler rapidement tout ce qui le touche personnellement se soit exacerbée, en particulier dans l'affection réelle qu'il porte à sa compagne. Peut-être cherche-t-il inconsciemment à apaiser son tourment en tentant de rétablir son image de soi, en voulant prouver (à lui-même surtout) qu'il est capable d'amour et d'attention, et en expiant par ses comportements ce qu'il perçoit obscurément comme étant les «fautes» du passé?

Madame F., artiste peintre, descendante d'une vieille famille aristocratique d'Europe centrale, a 53 ans. Elle consulte en relation d'aide un peu en désespoir de cause. Depuis environ cinq ans, les déboires s'accumulent tant sur le plan physique que sur les plans relationnel et matériel : douleurs rhumatoïdes, tumeur bénigne au sein droit et à la glande thyroïde, difficultés respiratoires, problèmes d'adaptation dans son milieu de travail (elle enseigne les arts plastiques et se plie difficilement aux contraintes administratives), pertes affectives et matérielles, ménopause difficile. Elle a déjà consulté de nombreux spécialistes et subi des traitements efficaces. Elle éprouve surtout une grande difficulté à accepter ce qu'elle vit et une anxiété diffuse. L'anamnèse révèle une succession de pertes et de privations depuis sa plus tendre enfance :

- Privation de l'amour, de l'appréciation et de l'encouragement paternels;
- Privation de la spontanéité, du rire et du jeu, du sentiment d'appartenance à un groupe de camarades pendant les sept premières années de sa vie;

– Privation de l'exercice de son talent dans lequel elle excelle depuis toujours, mais qui n'est pas reconnu par son père (il a détruit le premier portrait qu'elle a fait de lui à 12 ans);
– Dévalorisation, peu d'estime de soi, renforcés par l'idéalisation du père par la mère;
– Perte d'un statut social et atteinte de l'image de soi à la suite d'un mariage malheureux;
– Mort du père avec lequel elle n'a pas eu le temps de se réconcilier totalement;
– Pertes d'investissements affectifs répétés;
– Pertes financières importantes entraînant beaucoup de frustration et de colère.

Tout cela s'extériorise, se fait jour au cours de plusieurs séances de travail pendant lesquelles madame F., très intellectuelle et rationalisante, affiche une certaine froideur, une certaine distance par rapport à ce qu'elle relate. D'ailleurs elle dit: «Quand je vous raconte ça, c'est comme si tout se passait dans un film. Même en voyant ce film, je n'éprouve aucune émotion, je ne suis pas dedans. Un jour, cependant, elle pleure abondamment en parlant de la mort de son père, regrettant amèrement de n'avoir pas eu le temps de rattraper «tant de choses». Puis elle va plus loin: la maladie de son père a commencé au moment de l'annonce de son divorce et il ne s'en est jamais remis. Elle se sent responsable de sa mort. Petit à petit, émerge une forte ambivalence d'amour/haine à l'égard de ses parents.

Mais le point central de tout le problème est que, pour plusieurs raisons, madame F. a été coupée de ses émotions dès sa plus tendre enfance. Elle devait toujours être bien habillée, sage, propre et posée. Il lui était souvent refusé de jouer comme les autres. Elle a grandi privée de camarades, isolée dans un monde d'adultes, et elle se souvient d'avoir souvent connu l'ennui. Son père était rigide, autoritaire et exigeant. Tout ce qu'elle faisait devait être «comme il faut», c'est-à-dire comme son père l'entendait. Afin de plaire à ses parents, elle s'est efforcée de se plier constamment à leurs exigences. Ses initiatives n'ont pas été souvent approuvées, ni ses talents reconnus comme elle l'aurait souhaité. Il s'ensuivit qu'elle s'est trouvée prise au piège, non seulement à cause de l'impossibilité de vivre pleinement sa vie, mais aussi parce qu'elle ne pouvait exprimer ses frustrations et sa rage. Elle a donc choisi de se couper de ses émotions puisqu'il lui était interdit de les exprimer, ou elle les a retournées contre elle-même en se dévalorisant (en l'occurrence en convertissant son chagrin en culpabilité lors du décès de son père), puisque ses parents lui avaient toujours renvoyé l'image d'une personne infériorisée.

Ces trois personnes ont vécu, chacune à sa façon, des deuils difficiles et mal résolus, et, à divers degrés, elles sont encore en situation de deuil prolongé. Yolande ressent un chagrin intense et persistant depuis 11 ans. Monsieur G. est toujours tourmenté par la culpabilité et l'impossibilité de rattraper le passé 15 ans après le décès de sa femme. Madame F. a d'énormes difficultés à intégrer un passé pénible, à se bâtir un modèle de soi et du monde acceptable, et il est possible que ses symptômes physiques soient en partie des manifestations somatiques de deuil compliqué.

Cela ne signifie aucunement que ces personnes sont fautives d'avoir délibérément et consciemment choisi de vivre leurs deuils comme elles l'ont fait. Cela signifie simplement qu'une partie d'elles-mêmes, ressentant la perte comme étant trop douloureuse et insupportable, a exercé un pouvoir d'adaptation en utilisant inconsciemment certains moyens de défense pour circonvenir la souffrance. Mais le point important est que ces moyens, qui ont pu s'avérer tout à fait adéquats sur le moment, deviennent en se prolongeant plus gênants qu'aidants et maintiennent la personne en situation permanente de deuil.

Avant de poursuivre, je crois qu'il est utile d'aborder trois aspects de réactions en situation de deuil : *l'absence* apparente de réactions, le *choix* des réactions et la *défense* comme réaction.

L'ABSENCE APPARENTE DE RÉACTIONS

Il est impossible de ne pas communiquer. À prime abord, ce postulat de base en programmation neuro-linguistique peut sembler un truisme, mais ce n'est pas si évident.

Dans notre société, nous privilégions la parole et le geste comme moyens de communication. En présence d'un individu qui ne m'adresse pas directement des signes verbaux ou gestuels que je puisse décoder et interpréter correctement, je pense généralement que cette personne ne communique pas avec moi. Et si, dans une situation donnée, un individu ne donne aucun signe oral ou gestuel pour manifester une réaction, je suis porté à croire qu'il ne réagit pas à la situation. En réalité, bien que je puisse ne pas en être conscient, tout son organisme répond à la situation par de nombreuses et subtiles réactions se traduisant par des modifications de son rythme cardiaque et respiratoire, de la couleur et de la moiteur de sa peau, de sa tonicité, etc. Mais ces signes peuvent être très subtils et difficilement perceptibles sur le moment. À moins d'être particulièrement sensible et habile à les discerner, je ne suis pas conscient de leur existence et j'en déduis que la personne n'exprime aucune réaction. En fait, ce n'est pas elle qui ne réagit pas – elle le fait à sa façon –, mais bien moi qui suis incapable de saisir les manifestations de sa réaction. Par ailleurs, le sujet lui-même peut être tout à fait inconscient de ses réactions et n'en prendre conscience que plus tard.

LE CHOIX DE LA RÉACTION

Chacun a de nombreuses façons, toutes aussi valables les unes que les autres, de réagir dans une situation donnée, même si vues de l'extérieur ces réactions peuvent paraître étranges ou anormales. Dans la plupart des cas, il est probable que le sujet puise spontanément et inconsciemment dans sa vaste réserve de réponses, celles qui ont déjà prouvé être les plus satisfaisantes dans des circonstances similaires. Mais il peut tout aussi bien *choisir* de réagir d'une façon qui lui est moins familière, ou même inhabituelle, comme s'il ne trouvait pas tout de suite des références appropriées (c'est du moins l'impression laissée par ce type de réaction). Le *choix* dépend de la spécificité des circonstances, du contexte environnemental, de l'état de la personne, etc. Toutefois, on peut présumer que la réaction est toujours celle qui lui convient le mieux à cet instant particulier, quelles que puissent être les raisons et l'apparente incongruité ou inadéquation du *choix*.

Prenons un exemple banal. Si en bricolant je me fais une entaille profonde dans la main, ma première réaction instinctive se manifeste par une exclamation de douleur et un juron. C'est une réaction purement physique et émotionnelle : je ressens la douleur et j'exprime que je souffre. Dans un deuxième temps, une autre réaction, raisonnée et comportementale cette fois, m'incite à prendre des mesures pour soigner ma blessure. Mais si, pour une raison quelconque, je contiens et réprime ma réaction orale ou gestuelle, je communique malgré tout une réaction. L'absence de réaction *est* en soi une réaction; plus précisément, dans mon exemple, c'est la maîtrise de moi ou l'insensibilité qui constitue ma réaction, la réponse que je *choisis* d'opposer à l'accident. Je peux avoir plusieurs raisons de répondre ainsi (ma constitution physique et mon endurance, mon désir de dissimuler ma douleur, ma hâte de terminer le travail, ma perception du degré de gravité de la blessure ou mes apprentissages antérieurs face aux accidents et à la douleur, etc.), mais peu importe au fond puisque je suis ainsi fait et que ce genre de réponse semble m'avoir toujours bien servi dans le passé et qu'il me paraît adéquat à cet instant.

Ainsi, la réaction trouve sa justification première non pas dans sa nature, mais dans son caractère d'utilité et d'adéquation.

LA DÉFENSE COMME RÉACTION

Selon C. M. Parkes[1], l'endeuillé se comporte comme s'il était en situation de danger, celui de la perte elle-même, jusqu'à ce que la réalité de celle-ci ne soit pas totalement acceptée. L'endeuillé ressent alors que le disparu est encore «réappropriable» et tout ce qui rappelle la perte est perçu comme une agression majeure. Les amis et les connaissances qui essaient d'amener l'endeuillé à cesser son deuil avant qu'il ne soit prêt à le faire et même ceux qui lui disent que le deuil va passer sont surpris par sa réaction d'indignation. C'est comme si ces gens s'opposaient à la recherche du disparu ou la contrecarraient.

Parkes parle des manifestations normales de deuil comme des réactions qui peuvent être le résultat de l'action des mécanismes de défense qui visent à adoucir, à atténuer *plus ou moins temporairement* une souffrance perçue comme étant insupportable.

Il souligne encore que la *défense* peut être considérée comme un moyen d'*attaquer* le problème, de l'affronter d'une manière relativement effective et non menaçante.

John Bowlby[2], quant à lui, dit ceci : «Aucune compréhension des réactions à la perte, qu'elles soient normales ou pathologiques, n'est possible sans constamment faire appel aux concepts de processus défensifs, de croyance défensive, et d'activité défensive.»

LE DEUIL MAL RÉSOLU

Les manifestations extérieures du deuil peuvent donner peu ou prou d'indications sur les réactions de l'endeuillé, mais

---

1. Parkes, C. M., *Bereavement, Studies of Grief in Adult Life*, New Edition, Penguin Books, 1988.

2. Bowlby, John, «Attachement et perte», *Perte, Tristesse et Dépression*, P.U.F., vol. 3, 1984.

elles ne sont pas en soi des indicateurs absolus de «bonne» ou de «mauvaise» résolution. Tel endeuillé peut ne pas ressentir un profond chagrin, selon différents facteurs. Tel autre peut utiliser de façon accrue mais temporaire les mécanismes de défense qui conviennent le mieux à l'adoucissement de son chagrin sans qu'il s'agisse pour autant d'une fuite ou d'un évitement. Un autre encore a besoin de plus de temps pour accepter et intégrer la perte. L'ampleur du déni ou de la colère, par exemple, peut sembler démesurée sur le coup, mais elle peut être l'exutoire le mieux approprié pour l'endeuillé à ce moment précis.

Le problème survient lorsque l'état de deuil persiste à un degré difficilement viable, lorsque la perte n'est pas actualisée dans la nouvelle réalité de l'endeuillé. Cette intégration difficile, retardée ou carrément inexistante s'explique par le prolongement de la perception du danger de la perte, alors qu'elle n'est plus à craindre mais réelle. Conséquemment, il y aurait sur ce plan un maintien de l'utilisation de mécanismes de défense initialement adéquats (avant que la crise ne survienne) qui n'ont plus leur raison d'être. Il y a aussi la difficulté prolongée de couper les liens, le besoin de garder le disparu avec soi, de se le réapproprier, avec pour conséquence une adaptation pénible à la nouvelle réalité. Un deuil prolongé s'explique parfois aussi par un besoin de se racheter ou de se faire pardonner; c'est en somme une tentative d'expier un sentiment de culpabilité ayant diverses origines (désir ou souhait de la mort de la personne disparue, ressentiment à son égard, sentiment de n'avoir pas tout fait pour la sauver ou d'avoir agi de façon à provoquer sa fin). L'incapacité de donner un sens à la perte peut aussi se prolonger dans la difficulté de rebâtir un modèle de monde viable. On peut également trouver dans certaines formes de deuil persistants une survivance ou une résurgence de manifestations de deuil socialement identifiées et encouragées (pleurs, lamentations, vêtements noirs, retrait social temporaire) dans certaines cultures et à certaines époques, ou encore tout simplement le besoin conscient d'afficher ouvertement à son entourage un attachement indéfectible au défunt, dans le but d'éviter l'opprobe soulevé par un deuil «trop vite fait» (dans les petites communautés ou chez les populations rurales, par exemple).

Finalement, on peut dire que c'est la persistance et la fixation des réponses à la perte qui caractérisent un deuil mal résolu. Que se passe-t-il alors?

Être en deuil est un état. Faire son deuil est un processus.

La perte est sur le plan psychique une blessure comparable à une lésion sur le plan physique et la résolution du deuil est un processus de cicatrisation qui peut être plus ou moins difficile, douloureux et long à mener à terme. S'il n'aboutit pas, l'endeuillé vit en situation permanente de deuil avec une blessure non cicatrisée. Sa douleur persiste, son chagrin ne s'atténue que très lentement ou pas du tout. La souffrance prolongée s'accompagne souvent d'une anxiété sourde, d'un sentiment diffus de privation, d'incomplétude et d'inutilité. Il y a une fixation à l'état de manque, de privation de la personne disparue dont l'absence n'est pas actualisée. La recherche du disparu cesse d'être un processus normal d'intégration de l'absence et se transforme alors en un regret persistant, une aspiration constante impossible à combler. La fixation sur le défunt occupe une place envahissante dans le champ de la conscience et se reflète dans tous les aspects de la vie, risquant d'entraîner divers degrés ou formes de fantasmes et de distorsions du passé et du présent. Il devient difficile de redonner un sens à la vie et de réagencer les modèles de soi et du monde qu'on pourrait comparer à un puzzle jamais complété à cause de pièces manquantes. La vacuité s'immisce dans le monde sensible. Le vide impose une présence torturante et aspire la vie. Le survivant est entraîné dans le non-vivant.

Par ailleurs, quel que soit le sens accordé à cette notion, le processus de pardon (pardonner ou se faire pardonner) est souvent d'une importance cruciale pour nombre d'endeuillés. Or, le deuil mal résolu complique ce travail et rend difficile le dégagement du ressentiment ou de la culpabilité.

Ce deuil se traduit par une fixation, un arrêt du «développement», voire parfois une certaine régression prolongée, par une non-adaptation à la réalité, une forme de repli sur soi et de retrait du monde, et enfin quelquefois par la persistance de troubles physiques ou psychologiques ou l'émergence tardive de manifestations somatiques.

Globalement, l'individu qui a mal résolu son deuil éprouve une difficulté diffuse et permanente à fonctionner et à investir son énergie.

Tout cela étant dit, je crois qu'il n'est pas superflu de formuler une certaine mise en garde. Il existe en effet le danger d'enfermer la compréhension du deuil dans un discours réducteur et simpliste. Les chapitres précédents constituent un tableau d'ensemble informatif, indicateur de certaines manifestations et réactions vécues en situation de deuil, et ne donnent pas un modèle quelconque de normalisation du comportement des endeuillés, ni une codification du «bon» deuil. Là comme ailleurs, le comportement humain se manifeste dans une gamme infinie de variables impossibles à codifier dans un système étroit et rigide.

À mon sens, il n'existe pas de «bonnes» ou de «mauvaises» façons (par rapport à un modèle théorique) de vivre et de résoudre un deuil, d'intégrer une perte. De nombreux paramètres individuels et circonstanciels doivent être pris en considération dans chaque cas particulier. Chacun vit son deuil à sa façon, répétons-le. Au fond, peu importe les types de réactions ou d'étapes vécus par les endeuillés, ou quand et comment ils ressentent les manifestations, si elles leur sont utiles pour composer et fonctionner adéquatement avec les conséquences de la perte. Cela revient à centrer la compréhension (et l'intervention le cas échéant) sur la personne plutôt que sur le problème.

TABLEAU 10

DEUIL INTÉGRÉ	**DEUIL NON INTÉGRÉ**
Apprentissage Développement continu	Fixation Arrêt du développement ou régression
Adaptation aux options nouvelles, aux nouveaux modèles de soi et du monde Ouverture de soi	Non-adaptation à la nouvelle réalité État dépressif prolongé Retrait, repli
Recouvrement des fonctions, de l'équilibre physique et psychologique Adaptation	Persistance de troubles physiques ou psychologiques Fonctionnement difficile Désorganisation prolongée
Détachement positif Capacité d'assumer pleinement sa vie Capacité de donner un sens à la vie	Pessimisme, amertume, regrets Sentiment de vide et d'inutilité Difficulté de donner un sens à la vie
Meilleure qualité de vie dans sa globalité	Souffrance prolongée Sentiment de privation et d'incomplétude Anxiété diffuse

CHAPITRE

9

L'AIDE AUX ENDEUILLÉS

Ne crains pas que les autres ne te comprennent point, crains plutôt de ne point comprendre les autres.

Confucius

Un homme d'une trentaine d'années, marié et père d'une fillette de trois ans, a perdu son père il y a cinq semaines. Il demande de l'aide, non pour lui-même mais pour sa mère : «Moi ça va, j'encaisse. C'est ma mère qui m'inquiète; elle ne s'en sort pas. Ma femme et moi essayons de la distraire, de la motiver à se divertir, à se changer les idées. Autant que possible, nous évitons de lui faire mal en lui parlant de papa. Elle est en bonne santé, n'a pas de problèmes d'argent et elle sait qu'elle peut compter sur nous pour les choses pratiques. Mais rien n'y fait, on dirait qu'elle se complaît dans son chagrin, qu'elle refuse d'en sortir. Même la petite qui l'adore est toute chagrine de la voir ainsi. Je ne peux pas supporter de voir ma mère se morfondre dans sa peine... Je ne sais plus quoi faire pour l'aider.»

Ce genre de situations se présente souvent et plonge les protagonistes dans l'embarras, qu'ils soient des amis ou des parents, eux-mêmes endeuillés. Le survivant a réellement besoin de soutien, mais il semble le repousser ou ne parvient pas à l'exprimer. Les gens disposés à l'aider ne savent plus quoi dire ni comment se comporter et voient leurs tentatives de réconfort infructueuses. En conséquence, la gêne et la frustration s'installent et contribuent à détériorer une relation jusqu'alors signifiante et valorisante, et à déstabiliser davantage l'endeuillé.

Ce chapitre s'adresse surtout aux proches des endeuillés. Il ne contient ni recettes ni formules magiques, mais tente plutôt de dégager quelques principes fondamentaux et certaines recommandations qui peuvent être utiles dans ce genre de situations.

Les endeuillés n'ont pas nécessairement besoin d'une aide spécialisée pour surmonter la phase aiguë de leur épreuve, à moins qu'ils ne souffrent de troubles de santé ou de comportement graves. Lorsqu'ils demandent de l'aide, c'est la plupart du temps pour deux raisons principales autres que les troubles physiques ou psychologiques majeurs. C'est, d'une part, parce qu'ils subissent les effets d'une désorganisation particulièrement perturbante et, d'autre part, parce qu'ils ont besoin d'une personne à qui ils peuvent confier leur tourment. En effet, l'un des plus gros problèmes rencontrés par les personnes nouvellement endeuillées, c'est qu'elles se sentent isolées, marginalisées dans leur expérience de chagrin, et pas libres d'exprimer leur peine et leurs émotions dans une atmosphère sans contrainte ni exhortation. Leur entourage, au demeurant bien intentionné et désireux d'aider, a souvent tendance à repousser, à éviter ou à camoufler rapidement l'expression du chagrin, croyant de bonne foi que les rappels de la perte, les pleurs et les lamentations ne font que prolonger la peine, alors que c'est plutôt l'inverse qui est vrai au début du deuil.

Bien entendu, il est naturel de souhaiter à l'endeuillé le prompt recouvrement de son équilibre et de sa joie de vivre.

Il est pénible de supporter son chagrin et parfois difficile de trouver les mots justes et les bonnes attitudes de réconfort. Il arrive même que des efforts de soutien bien intentionnés et positifs soient perçus comme non aidants et semblent produire un effet contraire à celui recherché. Il est frustrant et décourageant de penser que l'aide n'est pas appréciée, d'avoir l'impression que l'endeuillé se complaît dans son chagrin ou qu'il ne s'aide pas lui-même. Tout porte à croire alors que son état va se détériorer au lieu de s'améliorer.

Analysons les principales difficultés rencontrées par les aidants et les aidés en situation de deuil.

LES DIFFICULTÉS

Trois facteurs principaux influent sur la valeur et l'efficacité de l'aide aux endeuillés :

- Les effets de la désorganisation consécutive à la perte;
- Le fait que les gens ressentent souvent, inconsciemment, des sentiments négatifs envers ceux qui demandent de l'aide;
- Les comportements inappropriés pouvant intensifier la détresse et la frustration de l'aidé.

Les effets de la désorganisation

En premier lieu, il y a cet effet particulier et paradoxal de la désorganisation : la personne demande de l'aide explicitement ou non et, en même temps, semble la repousser. Elle ressent plus ou moins consciemment un conflit entre un besoin momentané de dépendance et un besoin d'émancipation. Autrement dit, un conflit entre l'envie de se retouver seule pour pouvoir s'adapter (car elle sait bien au fond qu'on ne peut le faire pour elle) et le désir naturel d'assumer sa propre prise en charge, de ne pas dépendre de son entourage ou de l'ennuyer avec ses problèmes (il est humiliant de vivre en état de dépendance). Deux points doivent être soulignés dans cette apparente contradiction : d'abord qu'il est possible d'être seul avec soi-même sans pour autant se sentir en marge du monde pourvu que quelqu'un soit prêt à écouter et à aider; ensuite que la prise en charge de soi est un atout majeur dans la résolution d'une crise.

Par ailleurs, les émotions et les sentiments se bousculent et sont difficiles à isoler et à identifier de façon raisonnée par la victime de la crise; les contraintes d'ordre pratique et matériel demandent souvent des réponses concrètes immédiates qui requièrent beaucoup d'énergie physique et psychique. De plus, le processus de deuil entraîne parfois un travail sur soi en profondeur qui peut pousser l'endeuillé à éviter l'anxiété soulevée par tout ce qui rappelle la perte, y compris les marques de sympathie et de soutien. Il faut aussi tenir compte de l'engourdissement émotif qui ralentit les fonctions, fausse la perception de l'ordre des priorités et du facteur temps, et provoque parfois l'oubli ou la distraction. Cet état ne favorise certainement pas une bonne communication entre l'endeuillé et son entourage, ni la formulation claire de ses besoins.

Les sentiments négatifs

Les sentiments négatifs s'expliquent de différentes façons.

Le contact avec des victimes de crise ébranle l'illusion d'invulnérabilité, la stabilité et le sentiment de force intérieure qui nous sont propres; il remet en question nos croyances et modifie les modèles forgés au cours de notre développement. C'est comme si la secousse ressentie par l'endeuillé nous atteignait; cette répercussion est particulièrement sensible chez l'individu très proche de l'endeuillé. Spécifiquement, le contact avec les victimes de crise peut nous faire sentir plus vulnérable à une situation semblable et nous amener à éviter l'anxiété soulevée par la seule idée que ce malheur risque aussi de nous arriver, donc à repousser tout ce qui peut évoquer cette éventualité, en l'occurrence la victime elle-même.

La relation avec une personne souffrante ou malheureuse soulève aussi de forts sentiments d'inaptitude à l'aider. Souvent même naît de l'anxiété au sujet de la dimension cachée, de tout ce que la crise peut ultérieurement engendrer chez la victime et, partant, l'aidant ressent une certaine appréhension quant à ses capacités de maîtriser la situation. Un exemple concret me vient à l'esprit : une adolescente vivait avec sa mère qui tomba soudainement malade. La première réaction de la jeune fille ne fut pas de l'aider, mais d'exprimer sa rage et sa colère, sentiments qui traduisaient sa panique et son insécurité. Ce cas démontre que, outre la sensation d'être inadéquat, interviennent aussi souvent la crainte d'être trop engagé dans l'avenir de la victime et celle d'avoir à envisager un soutien à long terme. Autrement dit, l'idée qui vient d'abord à l'esprit est : «Le plus vite elle s'en sortira, le plus vite je serai soulagé de cette lourde responsabilité.» Évidemment, il y a aussi la peur de dire les mauvaises choses ou de ne pas poser les bons gestes qui engendre une distanciation ou une grande maladresse envers la victime. (On observe fréquemment cette attitude chez les gens qui visitent les malades.)

Les proches de l'endeuillé, particulièrement les membres de sa famille immédiate, peuvent penser que le fait de l'aider ramène constamment la situation de crise, l'amplifie ou la prolonge, et que, de ce fait, il y a un risque de briser la relation avec la victime ou de déséquilibrer leur propre existence de façon significative et permanente. En conséquence, ils préfèrent croire que ses problèmes ne sont pas sérieux et qu'ils se résorberont rapidement. L'expression courante «Voyons, ce n'est pas si grave!» traduit bien cette crainte inconsciente.

Par ailleurs, au cours de notre évolution, nous avons été inconsciemment et subtilement, de mille façons différentes, formés à une certaine conception manichéenne du monde et de la vie : «Nous méritons ce qui nous arrive et obtenons ce que nous méritons.» «Les gens ne souffrent pas aussi longtemps que leur personnalité et leurs comportements sont normaux.» En conséquence, afin de réduire la détresse ou l'anxiété causées par le contact avec les victimes de crise, nous avons tendance à chercher la faiblesse dans leurs comportements, les points déficients de leur personnalité, leurs «fautes» pour expliquer l'origine de la crise.

Certaines croyances erronées peuvent induire des attitudes inappropriées envers les endeuillés. Ainsi, la plupart des gens semblent tenir pour acquis que lorsque la crise survient, la victime ressent d'abord de la détresse, alors que dans un premier temps, elle s'efforce plutôt de se ressaisir et de l'affronter. On souhaite donc que la victime se reprenne rapidement en main, alors qu'elle ne s'est pas encore rendu compte de l'ampleur de la désorganisation, de la détresse ou du désespoir. Les endeuillés rapportent fréquemment que les intimes ne comprennent plus leur besoin de vivre leur deuil au-delà de quelques jours après la mort. Pourtant, de nombreuses études suggèrent que les endeuillés risquent de vivre durant quelques années avec un certain degré de «détresse» ou d'anxiété; souvent, les séquelles d'événements indésirables ou traumatisants persistent longtemps.

Enfin, une autre idée fausse fort répandue est qu'il est non approprié et non aidant pour les endeuillés de parler de ce qu'ils ressentent; en réalité ils sont plutôt perturbés d'entendre dire qu'il leur serait utile d'éviter le sujet.

En résumé, les sentiments négatifs à l'égard des victimes de crise sont générés par la vulnérabilité, l'incertitude, le sentiment d'inutilité et les croyances erronées.

CE QUI RISQUE DE NUIRE AUX ENDEUILLÉS

À cause des sentiments négatifs mentionnés plus haut, même quand ils ont l'intention d'aider, les gens adoptent souvent des types de comportements qui sont au détriment de l'aidé. Entre autres, ils ont tendance à décourager l'expression ouverte des affects, la verbalisation et la ventilation des émotions consécutives à la perte. Sans s'en rendre compte, ils forcent trop rapidement le rétablissement ou l'orientation vers la prochaine étape de la vie de l'endeuillé, ou bien ils cherchent à rationaliser la perte et donnent des conseils. Ces attitudes automatiques et stéréotypées risquent de camoufler, de «trivialiser» ou de banaliser les problèmes de l'aidé.

Décourager l'expression des sentiments de la victime peut prendre la forme d'une minimisation de ses problèmes ou d'un réconfort affecté. Inconsciemment, l'aidant tente de cette façon de convaincre la victime que le problème n'existe pas, qu'il n'est pas si important ou qu'il va se résoudre rapidement, que les choses pourraient être pires. Cette méthode peut aider le conseiller ou l'ami à maintenir sa conception du monde et à lui éviter l'anxiété, mais elle n'aide sûrement pas la victime qui risque d'en tirer la conclusion qu'elle dérange son entourage, qu'elle exagère la gravité de son problème, qu'elle est marginale ou malade, ainsi de suite. Il est certain en tout cas qu'elle se sentira frustrée dans l'expression de son chagrin, dans la non-reconnaissance et la non-acceptation de son problème. Il faut se rappeler que, à sa façon, l'endeuillé ne désire pas vivre avec son problème et qu'il cherche à le résoudre. Or, résoudre un problème consiste avant tout à l'identifier et à l'admettre, et non à le repousser, à le minimiser ou à le camoufler. Mettre la poussière sous le tapis ne contribue pas à dépoussiérer la pièce.

Il arrive fréquemment que les proches de l'endeuillé essaient trop rapidement de soulever son intérêt pour des activités ou des hobbies qui l'aideraient à oublier sa peine, à se changer les idées, etc. Pour la plupart des endeuillés, ces exhortations, ainsi que les grandes discussions sur l'orientation de leur futur, ne sont pas aidantes. Une autre façon d'encourager le rétablissement consiste à inciter les veufs et les veuves à se remarier, à «refaire leur vie». Les veuves en particulier trouvent ces suggestions prématurées, déplaisantes et même choquantes. En général, les changements de mode de vie ne peuvent être amenés de l'extérieur et s'effectuent spontanément quand l'endeuillé y est disposé.

«Ce n'est pas si grave.»

«Tu peux avoir d'autres enfants.»

«À ton âge, il n'est pas trop tard pour fonder un autre foyer.»

«Untel a vécu une situation semblable et il s'en est sorti.»

«Il faut bien que la vie se termine un jour. Nous passerons tous par là.»

«Au fond, c'est mieux que ça se termine ainsi, ça met fin à une situation intenable.»

L'endeuillé peut essayer de se réconforter avec ce genre d'arguments, mais la rationalisation est rarement aidante lorsqu'elle vient de l'extérieur. Elle n'a pour effet que de minimiser et de banaliser le problème, d'écarter ou d'étouffer l'expérience de chagrin de l'aidé. Plus tard, beaucoup plus tard parfois, viendra le temps où la victime sera en mesure, seule ou avec de l'aide, de se réconcilier avec les circonstances de la crise, de dégager certains aspects positifs de sa nouvelle vie, d'identifier ses ressources et ses possibilités et de s'adapter au changement. Mais ça ne peut venir que d'elle-même, à son rythme, et en aucun cas lui être imposé.

Dire à l'endeuillé que ses sentiments sont normaux peut le rassurer et le conforter dans l'idée qu'il ne sombre pas dans la dépression, qu'il n'est pas anormal ni malade. Ces propos doivent toutefois être nuancés de manière à ne pas nier son unicité ni à lui donner l'impression que ses émotions ne méritent pas une considération importante ou particulière. Même l'affirmation «je sais ce que vous ressentez» peut irriter l'endeuillé, lui laisser entendre que ce qu'il vit n'est pas unique ou spécial, et le dissuader de se révéler davantage.

Pour conclure, ces types de comportements ou de stratégies ne sont pas aidants car ils peuvent :

- créer chez l'endeuillé un sentiment d'isolement qui le découragera de partager ses préoccupations avec les autres;
- lui donner le sentiment de n'être ni compris ni accepté dans son expérience;
- suggérer, sous-entendre qu'il ne devrait pas se sentir aussi mal;
- sembler rejeter les sentiments de la victime parce que insignifiants ou peu importants;
- engendrer chez l'endeuillé l'impression que de plus sérieuses discussions feront croire qu'il n'apprécie pas l'aide;
- le bousculer, le presser dans son travail de deuil et le tri de ses émotions;
- le heurter dans ses croyances et ses attentes;
- et, finalement, provoquer chez l'endeuillé un retrait dans son chagrin, un repli sur soi consécutif à l'incompréhension des autres, plutôt qu'une ouverture sur la réhabilitation.

Par ailleurs, il existe dans le domaine de la psychologie du deuil et du mourir, ainsi que du développement de la personne et de la relation d'aide en général, certains concepts et expressions en vogue qui, extraits de leurs contextes originaux et repiqués à tout propos, se figent dans une phraséologie intellectualisante peu aidante, voire choquante. En ce qui concerne l'aide aux endeuillés, je pense en particulier aux expressions «aller au fond de sa peine», «grandir dans l'épreuve», «perdre pour réinvestir», etc. Ces expressions à l'emporte-pièce comportent selon moi le risque d'enfermer le concept auquel elles se rapportent dans une abstraction, de transformer le référent, au demeurant très utile pour la compréhension théorique, en un leitmotiv passe-partout, une formule toute faite dont le sens premier se dilue et perd toute signification. Sans compter qu'elles peuvent aussi faire l'objet d'une certaine récupération idéologique déplacée et inappropriée.

Ainsi, il y a une différence importante entre le fait d'aider une personne à expérimenter son chagrin en l'incitant à explorer et à exprimer ce qu'elle ressent (de manière à favoriser le tri des émotions et à éviter le refoulement ou la fixation) et le fait de lui suggérer d'aller au fond de sa souffrance. Je doute qu'une personne souffrante tire un quelconque bienfait de l'expression ainsi formulée. Il lui est déjà assez pénible de supporter sa souffrance et d'être confrontée à tout ce qui peut l'exacerber ou la réactiver sans avoir à envisager d'en endurer davantage.

Quant aux concepts de «transformer l'épreuve en étape de croissance» et «d'accepter de perdre pour réinvestir», ils risquent de susciter davantage un sentiment d'incompréhension et d'indignation que celui d'être réconforté. Certes, les pertes et les renoncements nous forcent à nous adapter, nous apprennent à nous dépasser, à réviser nos attentes et à réaménager nos espérances et nos modèles de vie; certes, la fixation et la régression sont sclérosantes et paralysantes, et entravent l'épanouissement et le développement. Nous souffrons et nous grandissons. Nous subissons des pertes et nous évoluons. Parfois, nous pouvons tirer un enseignement de certaines épreuves; «ce qui ne m'anéantit pas me grandit» disait Nietzsche. Mais je ne crois pas qu'il faille souffrir pour grandir. Je ne crois pas qu'il faille perdre pour réinvestir. La perte peut démotiver et annihiler aussi. La souffrance peut mutiler, avilir et paralyser aussi. C'est une chose que de tenter d'éviter ou d'adoucir les conséquences désastreuses d'une crise ou d'un traumatisme; c'en est une autre que de mêler les causes et les effets et de philosopher quand il faut soulager.

Une pensée pour mes aïeuls et mes parents, mes premiers maîtres, me vient à l'esprit : les affres de la guerre (privations, humiliations et déchirements, exode et captivité) les ont certainement endurcis, mais aussi meurtris. Je doute qu'ils en soient sortis «grandis» au sens où on l'entend trop souvent. Ce n'est pas une quelconque philosophie sur le sens de la souffrance qui les a aidés à surmonter les épreuves mais, j'en suis sûr, l'amour de leurs conjoints et de leurs enfants, le désir de revoir le pays, la foi en la vie, le courage et la détermination, et aussi la colère et la nécessité.

CE QUI PEUT AIDER LES ENDEUILLÉS

Avant tout, il est important de reconnaître et d'accepter l'expérience de chagrin, de ne pas chercher à l'esquiver ou à la minimiser, car cela n'aurait pour effet que de la refouler, de la reporter à plus tard ou de la prolonger. Il faut reconnaître également que la souffrance de l'autre nous gêne, nous attriste et nous fait mal. Pourquoi ne pas confier à l'endeuillé notre embarras et notre sentiment d'impuissance? La compassion et la solidarité, même malhabiles, sont plus aidantes que les phrases ou les attitudes stéréotypées et non senties.

Ensuite, laisser libre cours à l'expression du chagrin, permettre à l'endeuillé de l'extérioriser, de le vider; faciliter la ventilation de ce qu'il ressent. Devant la souffrance d'un proche, nous sommes souvent portés à la conjurer par des paroles consolatrices trop hâtives et des lieux communs, dans le but inconscient de l'écarter de nous. Mais on ne peut enlever ni soulager la souffrance en la niant. Dans des conditions normales, elle s'estompera peu à peu naturellement, d'autant plus facilement qu'on lui aura permis de s'extérioriser. «Les sciences humaines ont montré que les situations conflictuelles et les traumatismes sont métabolisés au mieux par les êtres humains grâce à la verbalisation, à la communication, au maintien de la relation avec un autre interlocuteur. L'être humain est un être parlant, faut-il le rappeler.[1]»

Donc maintenir une présence bienveillante, une relation signifiante avec l'endeuillé, l'assurer de notre amitié, de notre

1. Raimbault, Ginette, *FIN DE VIE, Nouvelles Perspectives pour les soins palliatifs*, sous la direction de Ch. H. Rapin, éditions Payot Lausanne, 1989, page 115.

affection, de notre disponibilité. L'assister dans les tâches journalières qu'il peut se sentir momentanément incapable d'assumer ou qu'il est porté à négliger. De simples petits gestes sont parfois très aidants sur le plan concret tout en évitant à la personne le sentiment d'isolement (l'appeler, lui rendre visite, lui rappeler ses rendez-vous, effectuer des travaux ménagers, s'occuper des enfants, remplir des formulaires parfois fastidieux ou compliqués, lui offrir un moyen de transport ou l'accompagner dans ses déplacements, etc.). Toutefois, il n'est pas souhaitable de surprotéger, d'infantiliser ou de prendre totalement en charge l'endeuillé. Il est bon au contraire de promouvoir son autonomie dans la mesure du possible, d'encourager ses initiatives tout en l'assurant de notre soutien et de notre disponibilité; un excès d'assistance pourrait avoir comme résultat une forme de régression ou de dépendance au détriment de l'adaptation de l'endeuillé à son nouveau mode de vie.

Les endeuillés mentionnent souvent qu'ils n'aiment pas être pressés ou bousculés, poussés à faire leur deuil à un rythme imposé de l'extérieur. Ils n'apprécient pas non plus les explications et les rationalisations données sans qu'ils ne les demandent expressément. Au début du deuil surtout, aucune explication ne peut justifier la perte de façon satisfaisante; il est plus important de s'assurer qu'ils peuvent compter sur un soutien social, amical, spirituel, médical ou psychologique si nécessaire, qui répond à leurs besoins.

Tout cela n'empêche pas cependant de semer l'espoir ni de conforter l'endeuillé dans ses espérances ou ses croyances, de l'encourager dans son cheminement, de le motiver graduellement à se tourner vers d'autres intérêts ou activités en l'aidant à identifier et à exploiter ses ressources.

En résumé, ce qui peut aider le mieux la personne nouvellement endeuillée, c'est accepter que :

- être en deuil est un état douloureux et déstabilisateur;
- faire son deuil est un processus que chaque endeuillé vit à son rythme et à sa façon;

- l'expression du chagrin est nécessaire et ne signifie pas un refus d'en sortir;
- escamoter ou refouler le chagrin ne fait que compliquer ou prolonger le processus;
- la présence bienveillante et le soutien concret sont plus aidants que les attitudes stéréotypées et la rationalisation;
- il est utile et possible d'entretenir l'espoir, l'encouragement et la motivation sans exhortation, directive ni conseil;
- dans certains cas, il peut être nécessaire de suggérer à l'endeuillé de consulter un spécialiste;
- finalement, le temps est un allié puissant dans la cicatrisation.

CHAPITRE

10

UN TEMPS POUR MOURIR?

Un jour, je ramasserai tous mes souvenirs et j'en ferai un beau bouquet.

Madame M., veuve

La difficulté d'accepter la perte d'un être aimé, voire le déni momentané de cette perte, se traduit souvent par un procédé de rationalisation qui consiste à situer rétrospectivement la mort dans un temps et des circonstances qui auraient été plus acceptables.

«C'est trop tôt.» «C'est injuste.» «Il aurait mieux valu qu'il meure d'un crise cardiaque.» «Elle aurait pu être sauvée si...» «Ça fait trop longtemps qu'elle souffre, pourquoi ne meurt-elle pas?» «Pourquoi le chauffard n'est-il pas mort à la place de mon fils?» «Je l'avais pourtant avertie que ce n'était pas un homme pour elle, c'est lui le responsable.» «Il aurait pu préparer ses affaires avant de me quitter.» Et ainsi de suite.

La liste pourrait s'allonger à l'infini. Les argumentations peuvent être fondées ou non, mais pour «ceux qui restent», chaque expérience de deuil est individuelle, unique et difficilement communicable; la mort de l'autre est toujours, à divers degrés, insoutenable.

Une veuve de 38 ans, mère d'une fillette et d'un garçon, l'exprime ainsi : «Ils ont perdu leur père qu'ils aimaient et qui les aimait... Mais moi, j'ai perdu mon mari, l'homme que j'aimais et qui m'aimait. Je sais que mes enfants souffrent, mais je ne peux vraiment ressentir leur peine et eux ne peuvent comprendre la mienne.» Lorsqu'elle parle il se passe une chose émouvante et merveilleuse : cette femme forte, près de ses émotions, bien équilibrée et pleine de ressources intérieures, se recroqueville sur elle-même, régresse un instant pour se mettre au diapason de ses enfants. Ses paroles sont dites dans un murmure entrecoupé de sanglots avec une voix de petite fille, mais les mots sont criés par les larmes.

Une autre scène me revient à l'esprit : il est trois heures du matin. La douce lumière de la chambre d'hôpital se diffuse autour de Marc, 21 ans, qui va mourir d'ici quelques jours, peut-être quelques heures. Il est angoissé et son sommeil est perturbé. Sa poitrine est découverte, car il a chaud, transpire et palpite fébrilement au rythme étrange d'un cœur à bout d'efforts désespérés. Sa mère le veille en silence. Elle n'a plus de mots pour dire sa souffrance et son désarroi. Les pleurs se sont taris et ses yeux ne reflètent plus que l'immensité de son amour et son indicible révolte. «Pourquoi lui?, dira-t-elle plus tard. C'est un bon garçon et mon seul enfant... Il n'a même pas eu le temps de connaître l'amour.»

Je pense aussi à cette femme de 83 ans qui vient de perdre son époux avec lequel elle a partagé 60 ans de vie heureuse qu'elle aurait bien aimé prolonger de quelques saisons. À cette femme de 32 ans, moins angoissée par le fait de sa mort prochaine que par l'obligation de confier ses deux jeunes enfants à la garde d'un mari qu'elle n'aimait plus. À cet homme de 38 ans dont la femme vient de mourir, lui laissant une petite fille de deux ans.

Tant d'autres cas me viennent à l'esprit; des histoires toutes différentes et cependant sœurs ou cousines par un point commun : la séparation, la privation. Non, de toute évidence, il n'y a pas d'âge idéal pour mourir. Quelle que soit l'étape de vie de la personne qui meurt, sa mort vient toujours de quelque façon briser un équilibre et déposséder l'endeuillé d'une partie de lui-même. Il reste vrai cependant que la mort d'un être cher suscite des réactions particulières et oriente le deuil différemment selon l'âge du défunt et les circonstances entourant le décès.

LES ENFANTS ET LES ADOLESCENTS

La mort d'un enfant est une expérience extrêmement douloureuse pour toutes les personnes concernées. Divers facteurs influencent l'intensité, le déroulement et certaines manifestations du deuil : l'âge de l'enfant, les causes du décès (maladie, avortement, suicide, syndrome de mort subite, etc.) et l'état de l'enfant (malformation congénitale, séquelles d'une maladie grave, précoce ou irréversible, etc.). Selon ces facteurs, la mort de l'enfant peut susciter divers degrés d'un même ou de plusieurs sentiments, tels que la culpabilité, la révolte ou l'hostilité (dirigée contre soi-même, le destin, le corps médical dans son ensemble, la personne responsable de la mort, le personnel soignant), la colère, le désespoir, le sentiment de privation ou d'inutilité dans la vie, le sentiment que celle-ci n'a plus de sens.

En premier lieu, la mère vit la perte comme un démembrement. Plus que tout autre, elle ressent viscéralement qu'on lui a arraché une partie d'elle-même. La difficulté de rationaliser et d'accepter le décès de son enfant fait place à l'incrédulité, à l'incompréhension et à la révolte. Même lorsqu'il devient possible de rationaliser et de comprendre, le décès reste quasi impossible à accepter totalement pendant très longtemps, sinon jamais. La perte est perçue comme une absurdité, une injustice, et soulève un violent sentiment de révolte et de colère qui peut persister sourdement pendant des années.

Les relations conjugales et familiales risquent d'être sérieusement ébranlées sur différents plans. Les parents peuvent s'auto-accuser ou s'accuser mutuellement d'avoir transmis la maladie, de ne pas avoir été capables de protéger l'enfant, de l'avoir mal soigné ou de n'avoir pas pu éviter la cause du décès. Ce sentiment de culpabilité, la plupart du temps non fondé, peut être renforcé d'une manière subtile et insidieuse par l'attitude accusatrice des grands-parents, des beaux-parents ou de la fratrie. Chacun s'enferme dans sa prison de souffrance tout en cherchant à s'en libérer en transformant son sentiment d'impuissance et de révolte en hostilité dirigée contre les autres. Les valeurs jusque-là érigées en certitudes menacent de s'effondrer ou à tout le moins sont profondément remises en question. L'image de soi peut se modifier négativement. Le stress inhérent à la situation est augmenté par la difficulté de communiquer, de fonctionner et de s'entraider. La communication est souvent gravement perturbée, voire coupée entre les membres de la cellule familiale, et le mariage est menacé.

La mort d'un enfant peut être ressentie par les parents comme une perte d'espoir, d'aspiration, de prolongement de soi dans le développement de l'enfant, et entraîner un grave sentiment d'inutilité et de démotivation.

Mais, heureusement, le scénario n'est pas toujours aussi sombre. Nombreux sont les endeuillés qui déclarent avoir assez bien et rapidement évité ou surmonté ces réactions en s'accordant un soutien mutuel grâce à la force et à la stabilité d'une relation de communication, au partage des émotions et à l'affection de leurs proches.

Les frères et les sœurs de l'enfant décédé ressentent un chagrin qu'ils ont parfois beaucoup de difficulté à exprimer et qui se manifeste souvent par des changements de comportements. Chaque enfant réagit différemment selon son âge et sa personnalité. Son chagrin se traduit par l'une ou l'autre des réactions suivantes.

Le déni, le refus

«Ce n'est pas vrai, ma sœur n'est pas vraiment morte.» L'enfant se comporte alors comme si rien ne s'était passé. Il ne faut pas en déduire qu'il n'éprouve aucun chagrin. Au contraire, c'est plutôt qu'il a beaucoup de difficulté à accepter la réalité.

La colère, l'hostilité

«Pourquoi le Bon Dieu l'a-t-il fait mourir? Papa et maman n'ont pas su quoi faire. Ce sont eux les responsables.»

L'insécurité, la confusion

«On m'a expliqué que grand-maman est morte parce qu'elle était vieille et que sa vie était finie, mais mon frère n'était pas vieux et il est mort.» «Est-ce que je serai vieille et que je mourrai moi aussi à l'âge de ma sœur qui est morte?» «Tu m'aimes et tu ne me laisseras pas mourir, moi?»

La culpabilité

«C'est parce que j'ai été méchant avec lui qu'il est mort.» «Je n'ai pas été gentil et Dieu me punit en faisant mourir mon papa.»

La démotivation, l'altération de l'image de soi et du monde

Chez l'adolescent par exemple : «Le monde est mal fait, la vie est injuste.» «Ça ne vaut pas la peine de travailler ni de faire des projets pour risquer de finir ainsi.» «Ma sœur était une bonne personne, elle avait beaucoup plus de qualités que moi, c'est moi qui aurais dû mourir.»

Il existe d'autres réactions : l'idéalisation, l'imitation, le maniérisme, la délinquance, l'excès de dépendance, l'anxiété et les malaises physiques.

Il est important de considérer que certaines explications données aux enfants en toute bonne foi et dans le but de les aider ne font parfois qu'alourdir leur chagrin et compliquer leur expérience de deuil, par exemple :

«Ta mère s'est endormie pour toujours.»

Les très jeunes enfants ne comprennent pas le sens de la mort ni la dimension du temps. Ce genre d'explication pourrait se traduire par un refus de dormir de peur de ne pas se réveiller, un trouble qui pourrait perdurer et se manifester autrement plus tard. Une explication simple et franche, illustrée au besoin par un exemple de la vie végétale ou animale, sera intégrée plus facilement par l'enfant à travers sa perception du monde.

«Ton frère est parti pour un long voyage.»

«Alors, pourquoi il ne m'a pas dit au revoir et pourquoi vous êtes tous si tristes?» «J'ai hâte de le revoir, quand reviendra-t-il?»

«Ta grande sœur était malade, elle a dû aller à l'hôpital et c'est pour ça qu'elle est morte.»

«J'ai été à l'hôpital et je ne suis pas mort; si j'y retourne, est-ce que je vais mourir cette fois?»

Quel que soit l'âge des enfants qui ont perdu un frère, une sœur ou un parent, il est important de leur donner des explications claires et franches à la mesure de leur compréhension, mais sans rationaliser de telle façon qu'ils seraient portés à tout prendre au pied de la lettre. L'explication dont l'enfant a besoin ne prend pas nécessairement la forme qu'un adulte est en mesure de lui donner. Par ailleurs, au-delà de l'explication rationnelle et plutôt que celle-ci, l'enfant peut rechercher davantage la sécurité et l'amour. Quelquefois, le partage «senti» de l'incertitude et de l'incompréhension vaut mille mots.

À leur manière, les enfants vivent aussi leur deuil et il est vital pour leur équilibre de ne pas les priver de cette expérience. On doit donc partager le chagrin avec eux sans chercher à le camoufler ou à leur imposer un comportement lors du décès ou des funérailles. Selon leurs moyens, ils comprendront, sur le moment ou plus tard. Leur besoin le plus important est d'être rassurés dans un climat d'affection, de stabilité et de franche communication. La patience, la confiance et la solidarité au sein de la famille contribuent fortement à les sécuriser et à les aider à exprimer et à surmonter leur chagrin.

LES JEUNES ADULTES

La mort d'un être à l'aube de la vie adulte est ressentie cruellement par ses proches. L'expression «être fauché dans la fleur de l'âge» traduit bien le sentiment d'injustice et de révolte qui s'ensuit. La personne est morte avant d'avoir eu la chance de vivre ses idées, ses désirs, ses projets, son affectivité, sa vie. La mort a anéanti l'accomplissement d'une existence dans laquelle tous avaient investi, et l'interruption du programme souvent plein de promesses (de quelque nature que ce soit) est un renoncement douloureux. Dans le cas d'une maladie à brève échéance, le temps qu'il reste à vivre en tenant compte de toutes les implications possibles (poursuite ou interruption des traitements, lutte, espoir, report ou annulation des projets de mariage, grossesse, carrière ou investissements matériels, etc.) influera sur l'acceptation et le travail de deuil des proches survivants.

Des complications supplémentaires surviennent parfois quand le défunt venait de s'engager dans le mariage ou la vie en commun. Le partenaire endeuillé peut alors être démuni émotionnellement, financièrement, ou sur le plan des ressources familiales pour surmonter la crise. Le survivant jeune marié, par exemple, risque de se trouver en situation de conflit avec ses beaux-parents qui font souvent l'expérience d'un ressentiment manifeste ou voilé envers le partenaire survivant et ses parents. La présence de petits-enfants aggrave ces conflits lorsqu'ils sont utilisés comme prétexte à l'expression de vieilles rancœurs déplacées et mal résolues. Par contre, on constate aussi souvent la naissance d'une alliance sainement compensatoire, le développement d'une communication plus étroite et signifiante, l'établissement ou le renforcement d'une relation affective entre l'endeuillé et ses beaux-parents qui l'adoptent comme leur enfant. Le travail de deuil s'en trouve alors allégé et facilité pour toutes les personnes en cause.

LES ADULTES

«Être abattu dans la force de l'âge» est une autre expression populaire qui exprime la réaction éprouvée à la mort d'une personne adulte. Celle-ci perd une vie en milieu de parcours. Les dépendants se sentent soudainement «abandonnés» et contraints d'assumer seuls une existence antérieurement planifiée en fonction du couple ou de la famille, et cette situation entraîne une désorganisation certaine sur les plans affectif, psychologique, financier et autres.

Les réactions des enfants décrites ci-dessus peuvent se manifester sensiblement de la même façon et quelquefois être exacerbées.

Benoît a 22 ans et sa mère est morte il y a deux ans. Il demande de l'aide sur les conseils de sa sœur aînée qui est inquiète à son sujet. Il y a lieu, en effet, de s'interroger sur le déroulement d'un deuil à retardement. «Je ne suis pas malade, j'ai un travail qui me plaît, j'ai une amie avec laquelle je m'entends bien. J'aime la vie... mais ma mère me manque.» Devant moi, il pleure sans honte en exprimant son chagrin et sa frustration. Un vieux souvenir émerge alors dans mon subconscient. Moi aussi quand j'avais son âge ma mère éloignée me manquait parfois, souvent même. Cependant, la différence entre nos peines réside dans le fait que Benoît sait qu'il ne la reverra plus jamais. «Elle est morte trop tôt... beaucoup trop tôt. J'ai encore besoin d'elle», dit-il en sanglotant.

Par ailleurs, la mort d'un adulte présente souvent cet aspect spécifique : la personne défunte n'a pas toujours eu le temps de «mettre ses affaires en ordre» ou a refusé de le faire, soit à cause du déni de sa finitude, soit à cause du désir de «protéger» ses dépendants. Cette situation peut revêtir une importance capitale tant sur le plan de la désorganisation matérielle que sur le déroulement du deuil futur. Les dépendants ressentent parfois dans ce cas, consciemment ou non, une forme de ressentiment qui s'ajoute aux difficultés réelles qu'ils éprouvent à assumer des responsabilités pour lesquelles ils sont mal préparés.

D'autre part, dans certains cas, la mort laisse en suspens d'anciens conflits latents ou des difficultés relationnelles, et il n'y a plus aucun espoir de les résoudre. Ces «affaires non finies» sont reportées, traînées dans le deuil et en affectent profondément la résolution.

LES PERSONNES ÂGÉES

On entend souvent dire que la mort d'une personne âgée est plus «normale» et plus acceptable pour les survivants. Tout est relatif. Il est courant de rencontrer des personnes dans «la fleur ou la force de l'âge» aigries et tristes, improductives, éteintes; ces qualificatifs et d'autres sont pourtant souvent accolés spontanément aux personnes âgées, alors que nombre d'entre elles sont joviales, productives et riches de projets non encore réalisés.

Dans notre société, la vieillesse est censée constituer un temps de repos, de bilan, de récapitulation, pendant lequel on récolte les fruits de sa vie et transmet son «héritage» aux enfants et aux petits-enfants. Cela est vrai. Néanmoins, de nombreuses personnes âgées restent actives jusqu'à leur mort.

Je me rappelle le cas d'un homme dans la trentaine. Père de trois jeunes enfants, il refusa d'abandonner tout espoir de rétablissement de la santé de sa mère et lutta pour y contribuer. «Je veux que mes enfants connaissent leur grand-mère; elle a encore beaucoup à leur donner», disait-il, et les faits lui donnèrent raison.

Les «affaires non finies» peuvent avoir persisté jusqu'au décès; il arrive qu'elles se résolvent, il arrive aussi qu'elles ne se règlent jamais, et l'âge n'y change rien.

Le chagrin est ressenti fortement par le conjoint âgé survivant comme une immense solitude, surtout s'il a passé une grande partie de sa vie avec la personne maintenant disparue. Ce sentiment de solitude constitue souvent une peine inconsolable et difficilement surmontable. Fréquemment, le survivant âgé ne ressent aucune motivation pour «refaire sa vie» ou «réinvestir dans la vie» et, de toute façon, il ne dispose plus que de peu de temps. Mais l'intensité du chagrin n'est pas moindre, elle a sa dimension propre.

CHAPITRE

11

VERS UN AVENIR MODIFIÉ

Une des caractéristiques de l'homme est qu'il ne peut vivre sans penser à l'avenir.

Victor E. Frankl

Une chanson populaire claironne que «faire semblant de rire quand on a envie de pleurer... c'est beaucoup mieux comme ça». Une autre nous exhorte à «surtout ne pas se retourner» sur ce qu'on vient de quitter. On devinera aisément que je n'endosse pas ces paroles. Je crois, au contraire, que c'est beaucoup mieux de rire quand on a envie de rire, de pleurer quand on a envie de pleurer et d'effectuer à l'occasion un retour sur le passé. Car l'être humain est un être parlant, communiquant. Il rit ou pleure sous l'emprise d'une émotion forte. Il crie sa joie ou sa souffrance. Il se souvient, pense, imagine, et peut ainsi relater ses hiers, nommer l'instant présent et projeter ses demains. Avec les facultés cognitives et expressives qui le caractérisent – la pensée, la parole, le rire et les larmes – l'être humain est le seul animal qui peut dire et baliser la conscience du temps. «L'homme a une denture. Il s'en sert pour grincer des dents, ronger son frein, se mordre les lèvres. Les plantes, elles, n'ont pas de dents : comme elles poussent paisiblement! Comme elles meurent paisiblement![1]»

Conscients d'être constamment en devenir, nous sommes par le fait même terriblement conscients aussi d'être asservis à l'inexorable déroulement du temps, soumis à la marche toujours triomphante d'un *ennemi* implacable qui laisse tôt ou tard ses empreintes et, dit-on, ses ruines. Nous savons que, quoi que nous fassions, nous ne pouvons échapper à sa course ni jamais en sortir gagnant.

Au sentiment de déréliction et d'extinction imposé par le temps, nous opposons notre besoin d'éternité — de *petites éternités* — découpée en fractions de vie quotidienne organisées et prévisibles. Nous disons *avoir le temps* devant nous, *prendre le temps* de faire des projets, *bâtir l'avenir, faire notre vie*. Pour vaincre l'angoisse de la finitude, nous faisons plus que procréer, nous créons, en voulant nous convaincre que nos réalisations défient et transcendent le temps. Exerçant ainsi une certaine emprise sur lui, nous pouvons considérer le temps, non comme un ennemi vaincu, mais comme un complice ou un allié.

Allié ou ennemi, le temps? La douloureuse réalité est qu'il est tantôt l'un, tantôt l'autre. Le temps nous met lentement au monde et nous révèle lentement le monde. Par lui, nous développons notre conscience et nos connaissances ainsi qu'une relation aux autres, à l'autre. Avec lui, nous bâtissons. Sans lui, il n'est point d'aboutissement ni d'achèvement. Ces deux termes soulignent cependant sa terrible ambivalence, sa cruelle dualité : aboutissement et achèvement signifient couronnement, mais aussi terminaison.

Le temps est finitude *et* pérennité.

---

1. Soljenitsyne, A. *Le Pavillon des cancéreux*, Julliard, livre de poche, Paris, 1968, page 341.

Le temps est passé *et* futur.

La mort d'un être cher est la cassure simultanée d'un passé et d'un avenir uniques et signifiants : par cette brisure le passé est arrêté, suspendu dans un présent qu'il envahit et prolonge à rebours, pour ainsi dire, dans le vécu partagé avec le défunt; le passé est animé, habité par celui-ci tandis que l'avenir est un vide immense empli de son absence. C'est le paradoxe de l'étrange absence-présence.

Comment concevoir l'avenir quand le temps semble figé dans cette déchirure?

«Je sais bien qu'il me faudra sortir du passé, dit une femme dans la cinquantaine, mais j'en suis incapable en ce moment. Le passé prend toute la place et m'obsède. Chaque heure du jour et de la nuit, je revis les épisodes du passé avec mon mari et les enfants... Ce n'est pas moi qui vis dans le passé, mais lui qui vit en moi. Nous avions tellement de projets... Soudain tout s'écroule, tout s'arrête. J'ai toujours été tournée vers l'avenir mais là, maintenant, je ne peux pas imaginer de quoi il sera fait. Tout ce que je sais, c'est qu'il sera différent de ce que j'avais prévu. Mais, comme on dit, il faut s'arranger avec ce qu'on a.»

Composer avec l'arrêt et la déchirure, avec le temps comme ennemi et comme allié, c'est vivre de lancinantes contradictions : renoncer et lâcher prise, mais aussi conserver et combattre. Rappeler à soi le souvenir et ne plus s'en séparer, incorporer le passé dans le présent, mais aussi tenter d'oublier et recommencer. Maintenir le passé hors du présent, ou plutôt y laisser sa juste place; y trouver parfois le bercement qui apaise, y prendre parfois l'élan qui projette vers l'avenir. Puiser dans le connu la force et les moyens d'affronter l'inconnu.

Composer avec le temps perdu et l'avenir modifié, c'est un peu tout ça à la fois. Et plus encore : c'est croire à la vie, malgré le fait qu'elle se brise par la perte de l'être aimé.

Souvenir et devenir. Curieux, douloureux contretemps d'une symphonie toujours inachevée.

On dit que la mémoire est le seul paradis d'où on ne peut être chassé. En effet, le temps, ce grand vainqueur, fait preuve de magnanimité en nous accordant une faveur spéciale, en nous concédant à vie un pacte particulier : il nous est permis par la pensée de nous tourner vers l'avenir et de retourner dans le passé. Une fois les tourments du présent apaisés, ce privilège est parfois une grande consolation.

Le voyage de l'existence nous mène vers de nombreuses destinations, les unes prévues et recherchées, les autres inattendues et non désirées. Il comporte de nombreux accidents de parcours qui entraînent des frustrations et laissent quelquefois des blessures profondes; les chemins inconnus sont angoissants, les transports, onéreux, inconfortables ou pénibles; les bagages doivent être constamment renouvelés, adaptés aux besoins du moment. Mais durant tout le voyage, l'évocation du souvenir et l'anticipation de l'avenir sont les seuls bagages, immatériels mais pourtant substantiels, que l'on peut emporter à sa guise dans toutes les douanes de la mémoire et dans tous les ports du futur. Bagages sans porteur, mais porteurs de joies et de souffrances, de richesses et d'espoirs.

Parmi ces bagages, il en est un qui peut servir en toutes circonstances à la fois de carte et de ticket, de véhicule et d'auberge, ou de trousse de premiers soins. Ce bagage est l'espérance.

CONCLUSION

La nuit n'est peut-être que la paupière du jour.

Omar Khayyam

Parmi toutes les pertes de l'existence, la mort accidentelle ou prématurée d'un être cher est certainement l'une des plus douloureuses à supporter. Parvenir à faire son deuil est parfois long et pénible, car les conséquences d'une telle perte affectent à divers degrés toute la vie de l'endeuillé. De plus, la nature de certains accidents ou maladies, les circonstances entourant la mort et les conditions de vie actuelle en général (surtout en milieu urbain) entraînent souvent chez l'endeuillé des sentiments de révolte et d'isolement émotif, ainsi que diverses complications sociales, économiques et affectives particulières.

Dans certaines conditions, l'endeuillé a parfois besoin temporairement d'une aide médicale ou psychologique pour surmonter la période cruciale de crise; les effets du deuil sur la santé physique et mentale ne doivent pas être négligés. Le plus souvent toutefois, l'endeuillé a surtout besoin de soutien (empathique et pratique) et de temps qui, combinés à ses propres ressources intérieures, faciliteront l'intégration de la perte et le développement d'une vie nouvelle. Il a besoin d'exprimer ce qu'il ressent, d'être écouté et conforté, renseigné et rassuré; besoin de lieux d'expression et d'outils de compréhension qui soulagent sans médicaliser, qui renseignent sans banaliser.

Les lieux d'écoute et les procédés d'information sur le mourir et le deuil se multiplient, ce qui fait dire à certains auteurs que l'on assiste à l'émergence de nouveaux rituels dans le cadre médico-hospitalier[1] et d'un nouveau tissu social (dont le bénévolat est un exemple probant) qui pallient à l'effritement de la vie communautaire qui, autrefois, constituait une forme d'aide pour surmonter les épreuves cruciales de l'existence.

Le deuil offre de vastes champs d'études à diverses disciplines : anthropologie, sociologie, médecine, psychologie, psychiatrie, religion, spiritualité, symptomatologie, éthique, statistique, etc. Ces approches spécifiques sont d'une importance capitale dans la compréhension du deuil. Mais, comme le soulignent les docteurs Yves Quenneville et Jean-Luc Dubreucq : «À l'heure actuelle, il nous est difficile de conceptualiser la trajectoire d'un deuil normal. Néanmoins, les différentes étapes décrites peuvent servir de points de repère. Cependant, il serait dommage qu'elles deviennent un carcan derrière lequel disparaîtrait le sujet.[2]»

L'aide aux endeuillés, une discipline relativement nouvelle dans sa dimension non professionnelle, répond à des besoins de plus en plus exprimés, sinon grandissants. En tant qu'apport de soutien temporaire et, répétons-le, non

---

1. Quenneville, Dr Yves et Dubreucq, Dr Jean-Luc. «Deuil : Hors du rituel point de salut?», *Médecine de l'homme*, n° 165, sep/oct 1986.

2. *Idem.*

médicalisé quand ce n'est pas nécessaire, on ne peut que souhaiter son développement et sa diffusion sous quelque forme que ce soit : aide bénévole, visites à domicile, entretiens téléphoniques, groupes d'entraide, vulgarisation. La compréhension du deuil et l'aide aux endeuillés doivent être centrées sur leur expérience. C'est dans cet esprit que j'ai rédigé ce livre et je souhaite qu'il leur offre un moyen de compréhension et de soutien dans la dure épreuve qu'ils traversent.

BIBLIOGRAPHIE

Adams, D.W. et Deveau, E.J., *Le Cancer de l'enfant*, Edisem, Saint-Hyacinthe, 1988.

Albertson, S.H., *Endings and Beginnings*, Ballantine Books, New York, 1980.

Allard, M., *Une fleur éclôt à travers la tempête*, éd. de Mortagne, Boucherville, 1988.

Auger, L., *Communication et Épanouissement personnel. La Relation d'aide*, éd. de L'homme, C.I.M. Montréal, 1972.

Bédard, J., *La Relation d'entraide*, éd. de Mortagne, Boucherville, 1986.

Bellet, M., *L'Écoute*, Epi. Desclée De Brouwer, Paris, 1989.

Bowlby, J., «La Perte, Tristesse et Dépression», dans *Attachement et Perte*, P.U.F. Le fil rouge, Paris, 1984.

Bordow, J., The *Ultimate Loss, Coping with the Death of a Child*, Beaufort Books Inc., New York, 1982.

Brockman, E., *Widower*, Bantam Books, Toronto, 1987.

Carkhuff, R.R., *L'Art d'aider*, éd. de L'homme, C.I.M. Montréal, 1988.

Charest, S., *Et passe la vie*, éd. Anne Sigier, Québec, 1987.

Deits, B., *Revivre après l'épreuve*, éd. Quebecor, Montréal, 1989.

Delisle, I., *Survivre au deuil*, éd. Paulines, Montréal, 1987.

Deslauriers, G., *Ce que les adolescents ne disent pas*, Libre Expression, Montréal, 1985.

Deutsch, H., «Absence of Grief», dans *Psychanalytic Quarterly*, vol. 6, Boston, 1937.

Dolto, F., *Solitude*, éd. Vertiges du nord/Carrère, Paris, 1987.

Erickson, E.H., *Adolescence et Crise, la Quête de l'identité*, coll. Champs, Flammarion, Paris, 1972.

Frankl. V.E., *Découvrir un sens à la vie*, coll. Actualisation, éd. de L'Homme, Montréal, 1988.

Freud, S., *Métapsychologie*, coll. Idées, Gallimard, Paris, 1940.

Gaffney, D.A., *The Seasons of Grief, Helping Your Children Grow Through Loss*, New American Library, New York and Scarborough, 1988.

Gorer, G., *Grief and Mourning*, Doubleday, New York, 1967.

Grollman, E.A., *What Helped Me When My Loved One Died*, Beacon Press, Boston, 1981.

Harper Neeld, E., *Seven Choices*, Clarkson N. Potter Publishers, New York, 1990.

Hétu, J.-L., *La Relation d'aide*, éd. du Méridien, Montréal, 1982.

Hétu, J.-L., *Psychologie du mourir et du deuil*, éd. du Méridien, Montréal, 1989.

Karsenty-Tolila, H., *Après toi, participe présent*, Robert Laffont, Paris, 1979.

Kübler-Ross, E., *La Mort, Dernière Étape de la croissance*, éd. Québec-Amérique, Montréal, 1976.

Kübler-Ross, E., *Questions et Réponses sur les derniers instants de la vie*, éd. Labor et Fides, Genève, 1977.

Lalonde, P. et Grunsberg, F., *Psychiatrie clinique : Approche contemporaine*, Gaëtan Morin éditeur, Chicoutimi, 1980.

Lavoie, F., «Le veuvage. Problèmes et Facteurs d'adaptation», dans *Santé mentale au Québec*, vol. 7, n° 2, novembre 1982.

Leist, M., *Dis, pourquoi la mort?*, Cana, Paris, 1981.

Le Shan, E., *Learning to Say Good-Bye*, Avon Books, New York, 1978.

Lewis, C.S., *A Grief Observed*, Bantam Books, New York, 1980.

Lewis, C.S., *Apprendre la mort*, Cerf, Paris, 1974.

Lindemann, E., *The Symptomatology and Management of Acute Grief*, American Journal of Psychiatry, 101, 141-48, 1944.

Linn, D. et Linn, M., *La Guérison des souvenirs*, Desclée de Brouwer, Paris 1987.

Lopata, H., «The Social Involvement of American Widows», dans *American Behavioral Scientist*, 1970.

Maslow, A.H., *Vers une psychologie de l'être*, Fayard, Paris, 1972.

Mc Carthy, S., *A Death in the Family*, Self-Counsel Press, North Vancouver, 1988.

Mc Neil Taylor, L., *Living with Loss*, Fontana Paperbacks, 1983.

Monbourquette, J., *Aimer, Perdre et Grandir*, éd. Richelieu, Saint-Jean-sur-Richelieu, 1984.

Nouwen, H. J.M., *Elle vient de mourir*, Fides, Montréal, 1981.

Nungesser, L. G., et Bullock, W.D., *Notes on Living Until We Say Good-Bye*, St. Martin's Press, New York, 1988.

Osterweis, M., Solomon, F., Green, M. editors, *Bereavement, Reactions, Consequences and Care*, National Academy Press, Washington, D.C., 1984.

Papalia, D.E. et Olds, S.W., *Le Développement de la personne*, HRW, Montréal, 1983.

Parkes, C.M., *Bereavement, Studies of Grief in Adult Life*, Penguin Books Ltd., Harmondsworth, Middlesex, England, 1986.

Peck, S., *Le Chemin le moins fréquenté. Apprendre à vivre avec la vie*, Robert Laffont, Paris, 1987.

Pincus, L., *Death and the Family. The Importance of Mourning*, Pantheon, New York, 1974.

Price, E., *Getting Through the Night*, Ballantine Books, New York, 1982.

Raimbault, G., *L'Enfant et la Mort*, Privat, Toulouse, 1975.

Rando, Th. A., *Grieving: How To Go On Living When Someone You Love Dies*, Lexington Books, Lexington, Massachusetts, 1988.

Rudolph, M., *Should the Children Know?*, Schocken Books, New York, 1978.

Sarnoff Schiff, H., *Parents en deuil*, coll. réponses, Robert Laffont, Paris, 1984.

Saucier, J.-F., «Anthropologie et Psychodynamique du deuil» dans *La Revue de l'Association des psychiatres du Canada*, vol. 12, n° 5, 1967.

Saucier, J.-F., «Deux Aspects négligés du deuil: Apparitions et Déroulement temporel», dans *Santé mentale au Québec*, vol. 7, n° 2, novembre 1982.

Schærer, R. et Pillot, J., «Le Deuil», dans *La Revue du praticien*, 36, 9, 449-514, Paris, 1986.

Schmidt, J. S., *How To Cope With Grief*, Ballantine Books, New York, 1989.

Schneiderman, G., *Coping With Death in the Family*, N.C. Press Ltd., Toronto, 1985.

Slaby, A. E., *After Shock*, Fair Oakes Press, New York, 1989.

Stearns Kaiser, A., *Living Through Personal Crisis*, Ballantine Books, New York, 1984.

Stearns Kaiser, A., *Coming Back*, Random House, New York, 1988.

Tatelbaum, J., *The Courage To Grieve*, Lippincott and Crowell, Publishers, New York, 1980.

Temes, R., *Living With an Empty Chair*, Irvington Publishers Inc., New York, 1984.

Upson, N. S., *When Someone You Love Is Dying*, Fireside Book, New York, 1986.

Vachon, M.L.S., «Grief and Bereavement Following the Death of a Spouse», dans *Canadian Psychiatric Association Journal*, 21, 35-44, 1976.

Viorst, J., *Les Renoncements nécessaires*, coll. Réponses, Robert Laffont, Paris, 1988.

Worden, J.W., *Grief Counseling and Therapy*, Springer Publishing Co., New York, 1982.

Wylie, B. J., *The Survival Guide for Widow*, Ballantine Books, New York, 1977.

TABLE DES MATIÈRES

Introduction 15

Chapitre 1. RENONCEMENTS ET DYNAMIQUE DE DEUIL 29

Le détachement et l'angoisse de la séparation 31

Chapitre 2. LES PERTES DE LA VIE 35

La naissance et l'enfance 40

L'adolescence 42

La jeunesse adulte 43

La maturité 44

La vieillesse 44

Chapitre 3. LE DEUIL 47

Le processus de deuil 49

Souffrance causée par la perte 51

Adaptation ou assimilation 53

Reconstruction 54

Le travail du deuil 55

La phase cruciale du deuil 60

Les conditions préalables au bon déroulement du deuil 61

Les principales difficultés vécues par les endeuillés 64

Chapitre 4. LES MANIFESTATIONS NORMALES DU DEUIL 69

Les sentiments 73

Le chagrin 73

La colère ou la révolte 73

L'anxiété, l'angoisse 75

La culpabilité 77

Le ressentiment 77

L'insécurité 78

Le sentiment d'incompétence 78
L'engourdissement émotif 79
L'obsession, le désir de la personne disparue 79
L'isolement 79
Le soulagement 80
Le sentiment d'ambivalence 80
Les manifestations cognitives 82
Le choc 82
L'incrédulité 82
La confusion 83
La présence du défunt 84
Les hallucinations 84
La solitude 84
Les sensations physiques 86
Les comportements 87
Les pleurs 87
Le soupir 87
La lamentation et la verbalisation . . . 88
Le sommeil perturbé 88
Les rêves et les cauchemars 88
Les habitudes alimentaires 89
Le fonctionnement automatique . . . 89
La distraction 89
La recherche du disparu 90
L'identification ou l'introjection 90
L'hyperactivité 90
L'apathie 90
La dilution des types de conduite . . . 91
Le retrait social 91
L'évitement 91
L'attachement aux symboles du disparu 92
L'hostilité 92
L'amplification de la libido 93
D'autres réactions 93

Chapitre 5. LES FACTEURS DÉTERMINANTS DU DEUIL . . . 99
L'hérédité et l'environnement 101
L'antécédent, le présent et le subséquent 106
L'antécédent 107
Le présent 108
Le subséquent 109

Chapitre 6. LA RÉSOLUTION DU DEUIL . . 113
Les critères de guérison 124
Les facteurs aidant la résolution du deuil 125
Les ressources intérieures 126
Les ressources extérieures 128

Chapitre 7. LES DEUILS COMPLIQUÉS . . . 133
Différents types de deuils compliqués . . 135
Le deuil anticipé ou prédeuil 136
Le deuil retardé ou inhibé, ou encore reporté 137
Le deuil chronique 137
Le deuil exagéré 138
Le deuil absent ou masqué, ou encore réprimé 138
Les indicateurs de deuil compliqué . . . 140
Les troubles psychologiques ou comportementaux 140
Les troubles somatiques 141

Chapitre 8. L'IMPORTANCE DE FAIRE SON DEUIL 143
L'absence apparente de réactions 152
Le choix de la réaction 152
La défense comme réaction 154
Le deuil mal résolu 154

Chapitre 9. L'AIDE AUX ENDEUILLÉS 159
Les difficultés 163

Les effets de la désorganisation 163
Les sentiments négatifs 164
Ce qui risque de nuire aux endeuillés . 166
Ce qui peut aider les endeuillés 171

Chapitre 10. UN TEMPS POUR MOURIR? . . . 175
Les enfants et les adolescents 179
Le déni, le refus 181
La colère, l'hostilité 181
L'insécurité, la confusion 181
La culpabilité 181
La démotivation, l'altération de l'image de soi et du monde 181
«Ta mère s'est endormie pour toujours.» 182
«Ton frère est parti pour un long voyage.» 182
«Ta grande sœur était malade, elle a dû aller à l'hôpital et c'est pour ça qu'elle est morte.» 182
Les jeunes adultes 183
Les adultes 184
Les personnes âgées 185

Chapitre 11. VERS UN AVENIR MODIFIÉ . . . 187

Conclusion 193

Bibliographie 199

IMPRIMERIE L'ÉCLAIREUR
Une division de Imprimeries Quebecor inc
26082